高等职业教育
新形态一体化教材

会展项目
管理手册

李　薇
杨继栋
丁　伟

编著

EXHIBITION PROJECT
MANAGEMENT
HANDBOOK

化学工业出版社
·北京·

内容简介

本教材分为主教材和配套手册两个部分。其中主教材包括四个系统的知识篇章，配套手册展示了九个典型的工作场景。通过主教材与配套手册的协同配合，旨在全方位地帮助学生深入理解和掌握会展项目管理领域的知识精华与技能要领。本教材以实用为导向，将完整的策略和工具知识体系与场景化任务的技能实训有机结合，在模拟的会展项目环境中，让学生直面各种职场挑战，提升项目管理能力、应变能力和团队协作能力，为学生即将踏入职场做好准备。

本书可作为高校会展策划与管理及相关专业的师生教学用书，也可作为会展行业从业者的参考书。

图书在版编目（CIP）数据

会展项目管理手册 / 李薇，杨继栋，丁伟编著.
北京：化学工业出版社，2025. 7. -- ISBN 978-7-122
-48083-5

Ⅰ. G245-62
中国国家版本馆CIP数据核字第2025V2S208号

责任编辑：李彦玲　　　　　　文字编辑：谢晓馨　刘　璐
责任校对：赵懿桐　　　　　　装帧设计：梧桐影

出版发行：化学工业出版社
　　　　　（北京市东城区青年湖南街13号　邮政编码100011）
印　　装：中煤（北京）印务有限公司
787mm×1092mm　1/16　印张11¾　字数200千字
2025年8月北京第1版第1次印刷

购书咨询：010-64518888　　　　　售后服务：010-64518899
网　　址：http://www.cip.com.cn
凡购买本书，如有缺损质量问题，本社销售中心负责调换。

定　　价：49.80元　　　　　　　　　　　版权所有　违者必究

目录

技能篇　　会展项目管理技能修炼

进阶篇 **会展项目管理职场准备**

导览篇

会展项目管理基础框架

知识目标

· 掌握会展项目的核心概念与分类标准，理解项目周期模型及运营特点，构建初步的项目管理知识体系。

· 洞察我国会展产业发展现状与趋势，领会会展思维的内涵与典型特征，理解会展项目管理中的普遍性与特殊性。

技能目标

· 运用项目管理方法论，精准分析核心要素并科学分类会展活动，针对性地制订管理方案。

· 基于会展思维和项目需求，识别各类资源并设计资源优化配置结构。

素质目标

· 培养会展产业情怀与岗位使命感，建立精益求精的职业态度，强化进入会展行业的职业自信与职业责任。

· 立足多元文化构建会展项目运营思维，通过商业与文化常识等方面的信息积累，提升对会展产业的全景视角认知。

中国国际进口博览会
——全球经济合作的舞台

2018年，首届中国国际进口博览会（CIIE）在上海隆重开幕，迅速成为全球瞩目的会展盛事。作为世界上首个以进口为主题的国家级展会，进博会不仅是一个全球商品展示与交易的平台，更是集会议、论坛、展览等多种活动于一体的综合性会展项目，完美诠释了"会中有展，展中有会"的概念，成为全球商业智慧与创新成果的交流盛宴。

进博会吸引了来自世界各地的企业、组织和媒体参与，通过高规格的国际会议和政策论坛，为全球经济合作提供了重要平台。展览展示了全球最新的技术和产品，会议则汇聚了各国领导人、企业高管、专家学者，共同探讨国际贸易、经济发展、全球合作的前沿议题。这种颇具特色的会展模式，不仅推动了商品交易，还加强了政策对话、商业合作和技术创新，使得会议与展览相辅相成、相得益彰。

在中国经济与全球市场的交响乐章中，进博会如同一曲激昂的序章，不仅奏响了国际贸易合作的新篇章，更是会展项目管理精髓的璀璨展现。在这个宏大的舞台上，会展项目管理的艺术与科学被演绎得淋漓尽致。它不仅是一场精心策划的盛会，更是涉及策划、组织、营销、现场运营、风险管理等多个环节的复杂系统工程。进博会作为会展项目的一个典范，不仅展示了商品与技术的交易平台（展），更构建了政府间对话、企业洽谈、学术研讨等多维度交流平台（会），实现了展览与会议的深度融合与相互促进，生动体现了"会"与"展"相辅相成、互为增益的独特魅力。

模块一 项目与会展项目

项目一 项目管理基础

项目是由一系列具有开始和结束日期、相互协调和控制的活动组成的，通过实施而达到满足时间、费用和资源等约束条件目标的独特的过程❶。换言之，项目是一系列独特、复杂且相互关联的活动。这些活动具有明确的目标或目的，必须在时间、财务预算、资源的限定范围内，依据一定的规范完成。项目自古以来就广泛存在，从中国的长城到埃及的金字塔，从印刷术的发明到互联网的出现，人们通过各种项目取得了或大或小的成就。

项目的本质在于促进变革，通过在项目活动中应用知识、技能、工具和技术，以满足项目目标。这一过程被称为项目管理。然而，项目管理常被误解为仅涉及使用项目管理知识来安排日程。虽然安排活动顺序确实是项目管理的一个关键工具，但它仅仅是复杂、系统性项目工作中的一部分。实际上，缺乏有效的项目管理，一份详尽的时间表不过是一份精确记录项目失败的清单而已。

一、项目管理的层次

做项目管理一定要关注企业的宏观环境，由宏观看微观，再从微观看宏观。项目管理类工作可以分为三个层次：项目组合管理、项目集管理和项目管理。

首先，项目组合管理位于最上面的一层，衔接战略规划和项目管理。组合的概念来源于投资领域，人们在投资时会通过组合不同的股票来降低风险。对于组织来说，做项目是一个投资行为。在资金有限的情况下，组织必须认真考虑、评估项目的特点和价值，以判断它们的投资优先级。根据评估结果，决定宝贵的预算和稀缺的资源到底应该优先分配给哪些项目，这就是组织的项目选择和立项过程。立项后，组织要监控各项目的运行状况，就像买入股票后要持续关注股市行情一样，组织会监控这个项目到底赚不赚钱，按当前趋势发展下去能不能产生收益，这就是项目组合管理。总之，项目组合管理首先解决的是投资导向问题，根据战略规划，决定资源分配，确保组织的投资组合收益最大化。

在项目组合管理的下面一层是项目集管理。众所周知，战略规划一般需要较长的时间来实现，如5~10年。时间跨度大，会导致战略规划与每个员工日常工作之间的关系比较模糊。而战略规划的落地依赖每个员工都完成自己的任务。因此，必须把战略规划与每个人的日常工作关联起来。资源是有限的，在确保完成当年既定工作的前提下，投入的资源

---

❶ 该定义源自国际标准化组织颁布的《质量管理 项目管理质量指南》（ISO 10006）。

自然是越少越好。也就是说，如何能够投入更少的资源去实现既定目标，是企业要解决的第二个问题。很多时候，如果把一些有相关性的项目打包在一起，形成项目集，就能够实现节约资源的目标。

项目组合管理以投资的视角处理资源分配，而项目集管理则从资源效率的角度出发，解决项目间的协同。项目管理则负责各个项目的具体执行。一旦项目目标确立，便需在既定的范围、进度、成本和质量等限制条件下完成既定任务。

二、项目管理的误区

在项目管理领域，尽管复杂项目的终极目标在于满足人类的需求，并借助跨学科知识应对多样化的挑战，然而，主流的项目管理范式依然主要集中在控制、流程和工具上。这种做法虽然为项目管理提供了标准化的框架，但往往忽略了"人"的维度——包括学习、协作、团队、沟通和文化等方面。这些方面无形且关键，难以量化，不易通过标准化工具进行有效控制。

第一，项目的成功实施依赖知识，特别是知识的实际应用。知识是学习与经验的融合，它赋予人们解决复杂问题的能力。即便项目拥有充足的资源，若缺乏实践性知识的支持，亦存在失败的风险。这类实践知识并非直接从书本中获得，而是在团队中工作和不断试验所积累的。因此，有效的项目管理应当超越工具和流程的介绍，将重点放在知识的获取、传承与应用上，以确保团队具备完成任务所必需的能力和洞察力。

第二，项目的实施本质上是一个团队合作、共同学习并完成任务的动态过程。项目团队可能遵循重复性的流程设计、搭建和交付产品或服务，但无论是渐进式创新还是突破性创新，项目的成功最终都依赖团队在工作中的持续学习。特别是当面临不确定性时，团队学习的能力决定了项目的适应性和韧性。因此，项目管理不应仅是流程的设定，还应包括促进团队不断获取和更新知识的机制。

第三，真正的创新与项目绩效的提升通常源自项目的具体执行层面，而非仅仅依赖大型组织的高层指令。在大型组织中实施项目时，赋予一线项目团队权力、迅速应对局部环境变化尤为关键。项目管理应当赋予这些工作人员更多的自主权，以便他们能够灵活应对不断变化的需求，而不是仅仅依赖固定的流程指示。这种自下而上的创新机制，在复杂的项目环境中更有可能实现卓越的绩效。

项目并非独立运作，而是嵌入特定的组织环境之中，其存在必须服务组织的总体使命与目标。项目的成功依赖组织的全面支持，特别是在知识、资源及文化层面。组织应向团队提供必需的知识资源、学习平台、支持性基础设施以及鼓励创新的文化氛围。因此，项目团队、个体成员与组织之间形成了互惠互利的共生关系：团队通过执行项目来实现组织的使命，而组织则通过提供资源和文化支持来确保项目的顺利进行。

| 项目二 | 会展项目管理概要 |

一、会展项目的主体

在会展行业中，通常由主办单位（或称主办机构）、主办方、主办者负责策划、运营会展项目，并对会展活动承担主要责任。这一概念包含两个层面：首先，负责策划和运营会展项目的主办单位是一个组织；其次，该组织在主办会展项目时必须承担相应的责任。因此，主办中大型会展项目通常不是个人行为，而是组织行为。根据惯例，规范的会展项目的主办单位必须是法人，即具有民事权利能力和民事行为能力，能够依法独立享有民事权利和承担民事义务的组织。主办会展项目是市场经济中的经营活动，必然带来经济责任和社会责任。会展项目在主办单位的领导下进行，会展项目的经营管理工作是主办单位经营管理工作的组成部分，会展项目负责人即会展项目经理的管理权限是由主办单位授予的。主办单位对会展项目的经营管理主要体现在会展项目的策划创立、计划安排、资金投入与财务控制、公共关系整合、人力资源管理等方面。在会展行业中，特别是在国内，除了主办单位外，还有承办单位。通常，承办单位是指受主办单位委托，承担、协助、参与会展项目策划或运营的组织。会展的主承办体制在政府主办的会展项目中表现得尤为明显。

表1-1详尽展示了中国四大国家级政府会展项目的主办方与承办方情况。表内所列举的中国国际进口博览会、中国进出口商品交易会、中国国际服务贸易交易会以及中国国际消费品博览会，均属于我国政府会展项目中的顶尖级别。中国国际进口博览会设于上海，旨在促进国外商品的进口；中国进出口商品交易会设于广州，致力于推动中国商品的出口；中国国际服务贸易交易会设于北京，专注于服务贸易领域；中国国际消费品博览会设于海口，致力于展示和交易国际消费精品。这四大会展项目相得益彰，共同构筑了新时代"中国制造、中国服务、中国贸易和中国消费"的会展项目平台体系。这四个政府会展项目的承办方均为国有单位，与主办方存在从属关系。

表1-1 中国四大国家级政府会展项目情况

会展项目名称	简称	举办地	主办方	承办方
中国国际进口博览会	进博会	上海	商务部、上海市政府	中国国际进口博览局
中国进出口商品交易会	广交会	广州	商务部、广东省政府	中国对外贸易中心（集团）
中国国际服务贸易交易会	服贸会	北京	商务部、北京市政府	北京市国际服务贸易中心
中国国际消费品博览会	消博会	海口	商务部、海南省政府	海南国际经济发展局

在我国，会展活动的组织者通常会将活动的执行工作委托给其他单位。具体而言，存在两种委托情形：一是政府主导的会展项目，其组织者会将活动的执行工作委托给非政府直属或非国有机构；二是非政府主导的会展项目，其组织者会委托给专业的会展机构。此外，某些会展项目除了有组织者和执行者之外，还设有执行承办方。例如，2021年在长沙市举办的中国国际食品餐饮博览会，由商务部和湖南省政府共同主办，商务部流通产业促进中心、湖南省商务厅、湖南省工业和信息化厅、湖南省粮食和物资储备局以及长沙市政府共同承办，湖南省商务展览中心公司则担任执行承办方。由此可见，执行承办方是根据承办方的委托，负责会展项目的具体执行工作。承办方则是根据组织者的委托，负责会展项目的经营管理工作，但并不拥有项目的所有权。承办方的收益来源必须得到组织者的同意或授权，并在双方签订的委托承办合同中明确约定。从某种角度来看，承办方的工作实质上是会展项目的经营管理活动。

二、会展项目的主要分类

第一，根据会展的范围进行分类，会展项目通常划分为综合性会展和行业性会展两大类。综合性会展的涵盖领域较为广泛，展品涉及多个不同的行业。以中国进出口商品交易会为例，它代表了典型的综合性展览。广交会每年分为春季和秋季两个周期进行，由于展馆容量的限制，每个周期又细分为三期，每期布展时间为三天，展览时间为五天，且三期展览依次连续举办，每期展览的展品范围各有侧重。展品类别从电子及家电、车辆及配件、建材和化工，到日用消费品、家居饰品、箱包鞋服、办公用品、休闲用品、医疗保健、食品等，种类繁多。相对而言，行业性会展的范围更为集中，展品主要来自单一行业或几个关联性较强的行业。

第二，根据会展的影响力进行分类，通常划分为国际级、国家级、区域级以及地方级。在业界，会展是否具有国际级影响力，普遍以国外或境外参展商或观众占总参展商或观众的比例为衡量标准。一般而言，若境外参展商占全部参展商的比例不低于10%，或境外观众占全部观众的比例不低于5%，则可认定该会展具有国际级影响力。国家级会展指的是影响力覆盖全国范围的会展项目。区域级会展通常指影响力超出本省范围的会展项目。地方级会展则通常指影响力局限于本省或举办城市的会展项目。

第三，根据参观会展的观众类型进行划分，会展项目通常分为专业型会展和消费型会展两大类。参与专业型会展的观众通常被称为专业观众，而参与消费型会展的观众则被称为普通观众。专业型会展为特定行业的参展商与观众提供了一个专业的交流平台。此外，还存在将专业型与消费型结合的会展形式。专业型会展被称为B2B，即Business to Business，指商家之间的交易；消费型会展则被称为B2C，即Business to Customer，指商家与消费者之间的交易。

除此之外，会展项目可根据主办方的性质进行分类，通常分为政府主办、社团主办和企业主办三种类型。其主要差异在于会展项目的产权归属。

会展项目也可依据其创办的年限或届数进行区分，一般划分为新项目和老项目。通常情况下，创办时间不超过三年或举办不超过三届的会展活动被视为新项目，而超过此年限或届数的则归类为老项目。

会展活动的规模亦是分类的一个重要依据。在国际上，关于会展项目规模的分类标准尚未统一。在国内，会展项目的规模通常以租赁展馆的面积为划分依据。一般而言，会展面积在0.5万至2万平方米的被认定为小型项目；面积在2万至5万平方米的为中型项目；面积在5万平方米以上的为大型项目；而面积超过10万平方米的则被划分为特大型项目。

三、会展项目的主要特点

第一，会展项目的举办具有持续性和周期性。大多数会展项目是按照既定制度定期举办的，无论是每年还是每两年，因此需要长期管理。会展项目的管理并非临时性的，即并非仅限于一次性活动。以1957年创办的广交会为例，该会展至今已成功举办百余届。因此，管理广交会项目是一项长期性工作，每一届都涉及参展商和参观者的邀请、宣传推广、现场服务等周期性业务工作。

第二，会展项目具有经营性质。在项目管理的范畴内，并非所有项目均需通过市场经营活动实现经济收益，例如建筑工程、科学研究、社会活动等项目。然而，会展项目通常需要依赖市场经营活动来实现盈利。即便是由政府机构以财政资金支持的展览项目，其目的虽非营利，但亦须注重成本控制以避免经营亏损。因此，在会展项目管理过程中，必须依据市场需求及收益目标，执行销售、营销、运营等经营性管理活动。

第三，会展项目所展现的时空性与现场性至关重要。会展项目需通过展示活动呈现给公众。其展示活动主要在展览场馆内进行。尽管存在线上展示的可能，但其无法完全取代线下展示。此外，展示活动的场地与时间必须保持一致。因此，在会展项目管理过程中，选择恰当的举办地点和时间是实现管理目标的关键因素；而会展现场的布置及环境营造，则是展现项目价值的核心要素。

第四，会展项目的受众具有群体性。在会展活动举办期间，现场会集了大量参展商与观众。通常情况下，会展项目的规模达到或超过10万平方米的特大型项目，其参观人数一般介于5万至10万之间，有些项目甚至能够吸引超过10万的访客。吸引并确保受众参展或参观，对于会展项目的经营成效及社会影响至关重要，因此成为会展项目管理中的一项核心任务。鉴于会展属于大规模社会活动，国内举办此类活动前必须向当地公安机关报备，以预防群体性事件或安全事故的发生。因此，会展项目现场的安全管理是项目管理中不可或缺的一环。

第五，会展项目成长的关键在于创意性和包容性。作为平台型服务产品，会展项目能够整合会议、颁奖典礼、文艺表演、体育赛事、宴会以及商业考察等多种活动。在互联网技术不断发展的当下，实体会展项目通过与网络的结合，实现线上转型，创建自媒体进行积极的营销活动、信息传播和数据聚合，甚至构建集商品展示、客户对接、贸易洽谈于一体的商贸网络平台，以提升客户忠诚度。因此，激发创意和促进包容性成为会展项目管理创新的核心议题。

第六，会展项目呈现出"轻资产、重人才"的特点。会展项目的运作主要依赖专业团队和专业人才的支持，而非依赖大规模的资本投入或技术硬件的配置。高素质的专业人才和训练有素的专业团队对于会展项目的发展发挥着至关重要的作用。因此，在会展项目团队管理中，"以人为本"的管理理念显得尤为重要。

四、会展产业的发展

自20世纪90年代起，我国会展业进入高速发展阶段。在国家政策引导与市场机制的双重驱动下，会展基础设施持续升级，品牌化建设成效显著，专业化服务体系渐趋成熟。作为现代服务业的重要组成部分，会展业产业关联效应对区域经济发展形成显著拉动作用：既直接创造会议展览收入、场馆租赁收益等经济效益，又通过联动交通物流、酒店餐饮、广告策划、文化旅游等关联产业，形成具有持续扩散特征的乘数效应。

我国目前已形成三大会展经济协同发展区域：环渤海经济带以北京国家会议中心为核心，依托国家会展中心（天津）、红岛国际会展中心等，构建起会展城市群；长三角经济带以国家会展中心（上海）为支撑点，通过杭州国际博览中心、南京空港国际博览中心等平台，向江浙沿海经济圈辐射；珠三角经济带则以广州中国进出口商品交易会（广交会）和深圳中国国际高新技术成果交易会（高交会）为双核心，形成粤港澳大湾区会展创新走廊。这三大战略区域通过会展产业集群化发展，不仅提升了区域经济要素的配置效率，而且通过技术外溢和模式创新，产生了全国性的示范效应。

作为我国的"国际会展中心城市"[①]，上海在积极推动长三角地区乃至全国会展经济迈向高质量发展的进程中发挥了举足轻重的作用。作为长三角经济带中最为核心且具有引领性的城市，上海将会展业视为推动城市经济持续增长的关键性引擎和战略支点，为此精心打造并配备了多个具有世界级水准的大型会展场馆，其中包括享誉国内外的上海国家会展中心（四叶草）[②]、设施先进完善的上海新国际博览中心以及承载着历史与创新双重意

[①] 自2014年起，上海市政府便确立了建设"国际会展中心城市"的宏伟目标，并通过持续的政策扶持与场馆建设的升级，促进了会展产业的持续优化。上海市商务委员会还发布了一系列构建具有全球竞争力的会展产业的详尽战略，包括场馆布局的优化、品牌国际化水平的提升以及全面的数字化转型等。

[②] 国家会展中心（上海）是全球最大的会展综合体之一。

义的上海世博展览馆等。这些场馆不仅规模宏大、设施一流，更在运营管理上融入了人工智能、云计算、大数据等前沿科技手段，积极探索并实践线上与线下深度融合的"双线展会"创新模式。这一模式的成功应用，不仅有效拓展了展会的辐射范围，使得更多无法亲临现场的观众也能参与其中，同时也极大提升了会展运营的整体效率，显著优化了参展商与观众在展会前、中、后的全方位综合体验。

与此同时，上海还通过精心策划和品牌化经营各类国际展会，成功吸引了众多高端国际会议、论坛以及知名展会的纷纷落户，这不仅极大地提升了上海在全球会展市场中的知名度和影响力，更使其成为全球会展业瞩目的焦点。此外，上海还注重资源的整合与优化配置，以及与长三角城市群内其他城市的紧密联动与合作，通过区域协同发展的战略布局，共同推动会展产业的集群化发展，从而成功构建起一个具有强大国际竞争力和广泛影响力的会展产业集群，为长三角乃至全国会展经济的繁荣发展注入了强劲动力。

思考题

1. **什么是项目管理？结合实际生活中的一个例子（如组织一场校园活动），说明项目管理的核心要素有哪些。**

2. **会展项目与普通项目相比有哪些独特之处？请从时间性、空间性、复杂性和服务性等方面进行分析。**

微视频：
初识会展项目管理

模块二 会展思维的塑造

项目一 思维建构要素

何谓会展思维？会展思维本质上是一种目标明确、规划周详的思维模式，其核心在于对展示内容进行精心挑选、系统规划与有效展示。该思维模式致力于为观众营造一种既引人入胜又富有吸引力，同时富含深邃意义的展会体验。此思维模式特别强调将会展内容与目标受众的需求和期望精确对接，通过巧妙运用展示设计、空间布局以及互动元素等多元手段，高效地传递特定主题信息或理念。

一、思维特点

会展思维宛若在信息的广阔海洋中精心挑选出一部分关键信息，为特定受众构建一个独具特色的微观世界。为何要如此操作？这源自人类的进化本质。作为在资源稀缺环境中不断进化的物种，人类天性中蕴含着不断获取与扩展的倾向。乍一看，这种天性似乎与我们所倡导的会展思维存在本质上的冲突。然而，一个成功的会展项目，正是因为能够巧妙地调和这一冲突，从纷繁复杂的事物中精心挑选出一部分精华，明确地划定界限，为观众营造出美好的体验。

在会展项目中，研究的重点并非突破界限追求无尽的多样性，而是有意识地构建界限，增强景观的吸引力。当受众置身于一个高品质的会展活动时，会不自觉地遵循活动安排的路线，沉醉于这个精心营造的环境中，悠然自得地欣赏那些经过精心挑选的展示内容。这种主动的沉浸感实际上是经过周密设计的。一个卓越的会展项目会根据明确的目标，慎重地选择参展商和展品；会根据想要传达的理念，巧妙地规划展示的路径和方式；会依据主题的需要，合理地安排活动流程；会根据既定的范围，科学地设定活动周期；还会随着理念的更新，赋予项目更深层次的意义。

以奥运会这一典型的会展项目中的节事活动为例，它堪称世界上规模最大、水平最高的国际综合体育赛事之一，每四年举办一次，无论是夏季奥运会还是冬季奥运会，都会聚了来自世界各地的顶尖运动员。首先，它在全世界众多的运动项目中精心挑选出特定的种类，从全球无数运动员中选拔出特定的一批。这一过程就如同在浩瀚的星空中，精准地挑选出最璀璨的星辰，组成一个独特的星系，展现在世人面前。其次，奥运会将许多抽象的概念具象化，转化为对应的旗帜、徽章、桂冠、金牌和领奖台等。这些具体的象征物，如同打开人们情感与认知大门的钥匙，让观众无需复杂的解读，便能直观地感受到奥运会所蕴含的精神与价值。再者，奥运会每次都由一个主办城市承办，从宣布主办城市到火炬传递，再到开幕式、闭幕式，拥有一套固定且严谨的流程。这一流程就像一首优美的乐章，每个音符都恰到好处，共同奏响了奥运会的精彩旋律。另外，奥运会每四年举办一次，且主办城市轮换。这种周期性和轮换性，既赋予了奥运会独特的稀缺性，又让人们对每一届奥运会都满怀期待，如同等待一场盛大的约定。最后，奥运会代表着人类更高、更快、更强的卓越追求，同时强调体育精神、公平竞技和国际友谊。它不仅仅是一场体育赛事，更是一个促进国际合作与理解的重要平台，为世界各国人民提供了一个共同的文化交流场所。

通过对奥运会这一项目的剖析，将会展思维的关键要点总结如下。

第一，片段选择。策划会展项目如同为世界打造一个独特的景观，必须具有限定感，才能让观众产生沉浸感。就像用画笔在画布上精心勾勒，只选取最具表现力的部分，舍去繁杂，才能让画面聚焦，引人入胜。

第二，塑造感受。所谓"展"，就是将抽象概念展开成感性的材料。当人们进入特定的会展情境时，无需调动深层理解力，只需凭借感受力和服从力，就能与这个场景建立起紧密的联系。因此，一个优秀的会展项目所带给人的感受必须是多维的，如同一场感官的盛宴，让观众全方位地沉浸其中。

第三，制造流程。一个会展项目对于受众而言，必须是可以亲身经历的。它需要在时间的维度上徐徐展开，哪怕时间短暂，哪怕是线上呈现，也是一个完整的体验过程。从最初得知项目信息，到参与感被唤醒，再到一步步地感知，直至终结时的惜别，以及对下一次的期待，每一个环节都不可或缺，共同构成了一段难忘的旅程。

第四，明确界限。会展项目并非恒久不变的景观，而是一种临时性的独特现象，犹如沙画，既可随时创造，亦可随时消散。正是这种易逝性赋予了它独特的价值。无终的会展项目缺乏灵魂，这恰当地阐释了界限与周期性对于会展项目的重要性。

第五，赋予意义。德国社会学家马克斯·韦伯曾言："人是悬挂在自己编织的意义之网上的动物。"因此，一个卓越的会展项目需为参与者构建一个充满意义的环境，而这种意义并非空泛无实，而是能够促使参与者产生共鸣，并积极投入、共同创造。这种意义的实质是对参与者行动的强烈召唤。

二、适配能力

为拥有这种稀缺性的会展思维，必须着重提升个人的叙事能力、交响能力以及共情能力。

会展项目类似于叙述一则引人入胜的故事，其过程始于搜集必要的素材，并对时间、任务、地点等关键要素进行梳理，这为故事构建了坚实的框架和吸引人的剧情。然而，相同的故事内容可以通过多种方式叙述，正如同一件展品可采用不同的展示策略，进而给观众带来截然不同的体验。优秀的叙事能力并不仅仅是对展品的简单罗列，而是需要深思熟虑地选择展示哪些内容、如何安排展示顺序，以及传递何种理念等。通过巧妙的叙事手法，使展品成为故事的核心，从而在观众心中留下难以磨灭的印象。

交响能力是指将独立的元素完美融合的高概念能力，它是一种综合性的能力，更是一种识别模式的能力。类似于交响乐团中的指挥，能够将不同的音符、乐器和演奏者巧妙地组合，演绎出和谐悦耳、扣人心弦的乐章。会展项目是一个集信息感知、收集、分类展示于一体的综合系统，面对的资源和要素错综复杂。因此必须注重培养跨领域的思考和工作能力，不应仅局限于局部，而应从全局视角出发，思考如何将各元素有机地整合，规划不同要素间的逻辑关系，从而创造出既具有深刻意义又引人注目的整体效果。

共情能力是指与他人产生共鸣的能力。这是一种深入他人思想，从他人视角体验世界的能力。在会展项目中，无论项目类型如何，其核心始终是人。因此需要站在他人的立场，真实地感受他们的感受。共情能力是一种大胆的假设性行为，可视为虚拟现实的极致，即深入他人的思想，从他人的视角体验这个世界。只有具备共情能力，才能为项目赋予恰当的意义，有效地引导用户的行为。

综上所述，会展思维是一种注重整体性的独特思考模式。尽管它最初源自艺术领域，但现今在项目管理和创新领域的重要性愈发显著。会展思维所强调的，不仅仅是对事物的简单组织和展示，更是如何创造出引人入胜、富有深度的整体体验。这体现在有目的地选择、规划和展示展览内容，通过清晰的信息叙事与表达，为观众带来引人注目、富有吸引力且意义深远的展会体验。

项目周期模型

项目周期模型，也称为项目生命周期模型，是一种描述项目从开始到结束所经历的各个阶段和过程的框架。它将项目分解为一系列可管理的部分，每个部分都有其特定的目标、活动和输出。这种框架有助于项目团队理解项目的整体流程，预测可能遇到的问题，并制定相应的应对策略。

一、项目生命周期模型的核心要义

项目生命周期模型的关键作用在于协助团队精准确定每个阶段的工作任务。它明确了各阶段可交付成果的产出时间，以及相应的确认与验收方式。与此同时，该模型还能帮助项目管理者明确每个阶段所需的人员配置，制定有效的风险控制策略，并对各阶段成果进行严格验收，从而大幅降低项目执行过程中的各种不确定性。通过将项目工作按时间划分为不同阶段，项目团队能够更清晰地洞察每个时期的主要矛盾，进而集中精力加以解决。

尽管会展项目在规模和复杂程度上千差万别，但所有项目都共享一个包含启动、组织、准备、执行与结束等关键阶段的生命周期。这种通用的项目生命周期模型，为项目团队提供了一个宏观的比较框架，即便面对性质截然不同的项目，也能进行有效的对比分析。

通用的项目生命周期模型在项目推进过程中呈现出以下显著特征。

1. 成本与人力投入曲线

项目伊始，成本与人力投入相对较低。随着项目工作的逐步开展，成本与人力配置逐渐攀升，直至达到最高点。而当项目接近尾声时，投入则迅速回落。例如，在一个小型会展项目筹备初期，仅需少量人员进行前期调研与策划，成本支出也相对有限。但随着场地布置、展品运输等工作的全面展开，人力与成本投入大幅增加。到项目后期，收尾工作所需的人力与成本则显著减少。

2. 干系人影响力与风险变化

在项目启动阶段，项目干系人对项目的影响力最大，同时项目面临的风险与不确定性也处于峰值。随着项目在生命周期中稳步推进，项目干系人的影响力以及风险与不确定性会随着时间的推移而逐渐降低。以大型国际会展项目为例，在项目筹备初期，参展商、赞助商等对项目的主题、规模、时间安排等方面具有较大的话语权，且项目可能面临诸如政策变动、市场需求不明确等诸多风险。而随着项目逐渐成形，各方对项目的方向已基本确定，风险也相应减少。

3. 项目变更能力与成本关系

在项目启动阶段，变更项目的能力最强，且在这一阶段变更对成本的影响并不显著。然而，随着项目的推进，变更项目的能力逐渐减弱，而变更项目和更正错误的成本却在项目接近完成时急剧增加。这是因为项目变更的代价不仅包括经济与人力成本，还涉及时间、质量、声誉和品牌等多个重要方面。

二、项目生命周期模式

在项目生命周期内，通常存在一个或多个与产品、服务或成果设计开发紧密相关的阶段，这些阶段统称为开发生命周期。为达成每个阶段的目标，可以采用不同的开发模式。

1. 瀑布型模式

这是一种线性的模式，项目从启动开始，依次进行需求调研、设计、开发、演示，直至最终将成果呈现或交付给客户。在这种模式下，只有完成前一个阶段的所有工作，才能进入下一个阶段。运用瀑布型生命周期模式，要求项目团队的管理者和全体成员必须对项目的未来有完整的预测，充分了解交付的产品或服务，具备扎实的行业实践基础。瀑布型模式的优点在于项目流程清晰、阶段性强，便于管理和控制。

2. 敏捷型模式

该模式通过一系列重复的循环活动来交付产品或服务，主要包括迭代和增量两种实现方式。迭代的本质是从模糊逐渐走向清晰的过程。例如，在展厅设计中涉及三维模型制作时，通常采用迭代的方式。首先绘制原画的线稿，初步勾勒出模型的大致轮廓；接着进行上色，进一步丰富模型的视觉效果；最后制作模型，使其成为一个完整的实物。增量则是通过功能的渐进增加来推动项目落地。比如在大型展馆的设计过程中，通常先确定核心的功能和动线定位，如主要展览区域的布局和观众参观的主要路线；然后在此基础上，逐步增加次要功能和动线，如辅助展览区域的设置和疏散通道的规划；最后完善周边功能，如餐饮区、休息区等。敏捷型生命周期模式适用于需要应对快速变化的环境的项目，特别是当项目需求和范围难以事先完全确定时，这种方式能够让相关人员以较小的增量推进项目进展，及时根据市场变化和客户反馈进行调整。

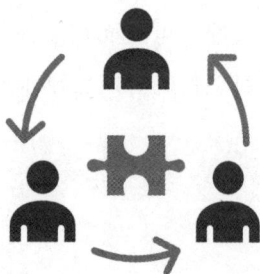

三、不同模式在会展项目中的应用

虽然敏捷型模式因其能够快速响应变化的环境，正逐渐成为项目管理领域的新趋势，但在实际应用中，许多企业或项目经理由于生搬硬套敏捷型模式的各种方法论，不仅未能达到预期效果，反而导致项目推进过程中问题频发，甚至阻碍了项目目标的实现。事实上，项目管理是一套系统的方法和思维方式，良好的项目管理既需要开阔的思路和视野，更需要系统化的策略。不同的生命周期模式适用于不同的项目，不应简单地将它们对立看待。在实际项目中选择何种模型，取决于项目的具体需求和相应的约束条件。

会展项目因其自身的特殊性，要求项目管理者更加灵活地运用生命周期模式。在瀑布型模式中，会展项目的各个阶段可以明确划分，例如：需求收集阶段，全面了解参展商和观众的需求；展位测量阶段，精确获取场地数据；图纸绘制阶段，精心设计展位布局；物料采购阶段，严格把控材料质量；施工验收阶段，确保工程质量符合标准。每个阶段都有具体且明确的可交付成果，这种有序的推进方式有助于确保项目按计划进行，各项任务有条不紊地开展。然而，考虑到会展项目的动态性和变化性，引入敏捷型模式也十分必要。通过迭代和增量的方式，项目团队能够更灵活地应对需求的变化、市场的反馈以及参展公司的实际情况。例如，在会展项目筹备过程中，根据参展公司临时提出的特殊展示需求，运用敏捷型模式，通过迭代的方式对展位设计进行优化调整；或者根据市场反馈，以增量的方式增加一些新的互动功能。这种灵活性使得项目团队能够迅速做出调整，更好地满足各方的期望。

对于大型或特大型的会展项目，鉴于展览的规模和复杂性，以及不同参展公司的多样化需求和期望，可能需要结合瀑布型模式和敏捷型模式的元素，创造出更贴合实际情况的项目管理方法。例如，在项目的整体规划和关键节点控制上采用瀑布型模式，确保项目的整体框架稳定；而在应对一些细节调整和临时变化时，运用敏捷型模式，提高项目的应变能力。

• • •　　　　　　　　　　思考题　　　　　　　　　　• • •

1. **会展思维的核心要素有哪些？请结合实际案例说明如何在会展项目中运用这些思维要素。**

2. **会展项目生命周期通常包括哪些阶段？请结合实际案例说明每个阶段的主要任务和目标。**

策略篇

会展项目管理底层逻辑

知识目标

· 立足用户需求，掌握会展项目资源配置与团队协作的底层逻辑，理解"以人为本、以终为始"的管理理念。

· 理解运用服务设计思维优化项目管理流程的意义，掌握从资源分析到效果监控的闭环体系特点及运行机制。

技能目标

· 具备初步识别商业机会，基于用户需求策划内容，打造差异化运营方案的能力。

· 具备分辨短期与长期收益的能力，会构建资源转化与化解利益冲突的基本方案。

素质目标

· 建立对市场趋势和行业动态的敏锐洞察力，激发打破常规、探索创新方法的职业素养。

· 养成协调资源、分析解决问题的系统性思维以及以严谨态度保障项目可持续发展的作风。

蓬勃发展的中国会展公司

"世界展览看中国，中国展览看上海"，上海拥有国内最大、最完善的国际化会展生态圈，是所有会展人的追梦之地。近几年，全球会展业上下游格局被不断打破重塑。审视整个产业需要认识到，会展业的核心并不是龙头主办单位或会展服务产业链，而是因为有各行各业的大力发展才催生出了线下集中交流、展示、交易的会展项目。特别是在数字经济、新基建、新消费、新能源、智能制造等新老行业的不断崛起中，会展将扮演更为重要的角色。

上海LS展览集团近年的发展历程正展现了这一特点。首先，LS集团通过布局优质行业赛道，扎根产业发展，实现了稳健增长。集团重点聚焦服装、教育和体育三大产业，尤其是服装和教育领域，作为重要民生产业，近年来迎来了政策红利和发展机遇。同时，集团通过在成都、深圳、北京等地布局，助力当地服装产业升级，进一步巩固了其在服装产业会展领域的领先地位。其次，进行多元化发展，不断拓展业务领域，逐步布局展览主办、会议主办、主场服务，并积极探索线上会展和展厅展馆建设等新兴业务。最后，集团对每个行业进行深度垂直细分，解决多元化带来的管理问题。例如服装行业就分为职业装、高端定制、园服校服、时尚运动、童装、汉服、服装新材料、服装供应链、服装智能制造等近十大系列展，极大地增强了其在市场中的竞争力，为快速增长提供了有力支撑。

模块一 重构信息，拥有洞察

锦囊一 机遇的识别与评估

在当前全球经济深度调整的背景下，数字经济、新型基础设施建设、新兴消费模式、新能源技术以及智能制造等众多领域正展现出蓬勃的发展势头。这些领域的变革对会展行业产生了深远的影响。会展项目不仅是企业展示创新技术和产品的重要平台，更是促进产业链各环节间信息交流与合作的关键场所。因此，会展项目不仅为企业提供了展示自身实力和产品的机遇，也成为产业链各环节之间合作的桥梁。新兴行业的迅猛发展直接催生了相关会展项目的兴起，成为推动行业协同发展的关键工具。通过展示创新技术和产品，企业之间能够相互学习、借鉴，共同推动行业的技术进步和市场发展。同时，社会文化的演变亦是影响会展行业的重要因素。消费者对健康、环保和个性化的需求日益增长，这种消费观念的转变拓展了会展行业的新市场空间。以健康养生、绿色生活、定制化为主题的会展项目应运而生，满足了消费者对可持续生活方式的探索需求。

精确识别并评估机遇是商业运营活动的基础。特别是作为连接不同产业和领域的会展项目，更需持续关注市场需求与行业发展的动态。然而，在复杂的市场环境中，信息量巨大，需要不断挖掘和整理信息，深入分析行业内部的竞争态势。研究竞争对手的优势与劣势有助于识别市场空白点和差异化竞争方向。如果多数会展企业集中于大规模综合性展览，那么专注于细分领域的专业会展项目则可能脱颖而出。此外，分析竞争对手的市场份额和市场饱和度也至关重要。若某一类型的会展项目在特定地区的市场份额已接近饱和，项目管理者应考虑开拓新的区域市场或开发全新的会展主题。

优秀的会展项目不仅满足了现有的市场需求，更能激发潜在需求并预见未来需求的变化趋势。例如，随着科技的不断进步，线上会展逐渐兴起，部分参展商和观众可能对线上线下融合的会展模式产生需求。会展项目管理者应敏锐捕捉这一趋势，提前布局，开发融合线上虚拟展览、直播互动和线下实体展示的创新会展模式，为参展商和观众提供更加便捷、丰富的会展体验。

综上所述，会展从业者应依据从多渠道收集的信息，构建一套科学合理的机遇评估指标体系。该体系应包括市场规模、增长潜力、竞争程度以及与自身资源和能力的匹配度等多个维度。在评估新兴科技会展项目的机遇时，若该项目所处的市场规模预计在未来几年内将持续快速增长，且市场竞争相对较小，同时会展主办方具备相应的技术资源和专业团队来组织该项目，那么该项目的机遇得分将相对较高。对识别出的机遇进行量化评估，筛选出最具可行性和价值的项目机遇。优先选择市场规模大、增长潜力高、竞争相对较小且与自身优势契合的机遇。

锦囊二　从头开始打造品质

会展项目的品质对于吸引参展商与观众、提升项目在行业内的综合影响力以及促进其长期可持续发展具有至关重要的作用。因此，从项目筹备的初期阶段开始，就必须进行全面而系统的规划与管理，以确保每一个环节都精益求精，从而打造出一个高品质、具有广泛影响力的会展项目。

在高品质会展项目启动之初，确立一个明确且具体的目标定位显得尤为关键。这不仅仅包括确定一个具有吸引力的展览主题，还需要精确锁定核心的目标受众群体，并在此基础上预估项目在行业内的潜在影响力和市场前景。会展主办方需要深入研究和分析当前的市场趋势和行业痛点，通过细致的市场调研和数据分析，挖掘出展会的独特价值主张（UVP❶）。一个清晰且具有强大吸引力的价值主张，不仅能为项目的后续品牌化发展奠定坚实的基础，还能通过社交媒体、行业媒体以及各类公关活动的有效传播，迅速吸引全球范围内的关注，从而显著提升项目在国内外的知名度和影响力。

其次，精准策划展览内容，提升展会的专业度和吸引力。展览内容的策划直接关系到项目的核心竞争力，是打造高品质会展的核心环节。围绕目标受众的实际需求和兴趣点进行有针对性的内容设计，是确保展会成功的关键。通过精心设置多样化的展览类别、富有深度的论坛议题以及互动性强的现场环节，可以有效提升展会的整体品质。通常，邀请行业内的知名专家开展深度研讨、组织创新产品的发布活动、进行前沿技术的现场演示等，都是增强展会吸引力和专业性的常规且有效的手段。此外，引入展中展、主题展区等创新模式，也可以使展览内容更加多元化和精准化，进一步提升展会的专业性和观众的参与度。

再者，强化运营管理，提高执行效率，是确保展会品质和成功的关键要素。特别是在参展商和观众的管理流程上，需要不断优化和提升，利用先进的数字化系统和智能化工具，实现参展商的智能匹配、在线注册的便捷化以及数据追踪的精细化。例如，开发专属的展会APP，设置智能导览系统，通过线上直播拓宽展会的传播渠道，运用VR/AR等先进展示技术增强观众的沉浸感和互动体验，实现线上线下融合发展，进一步拓展展会的影响力。同时，借助大数据分析进行精准营销，提高观众与展会内容的匹配度，优化参展体验，提升参展效率，从而确保展会的高品质和高效运作。

---

❶ UVP（全称为Unique Value Proposition）是指公司或组织的独特价值主张，是公司承诺向购买其产品或服务的现有和未来客户提供的全部利益或经济价值。

思考题

1. 在一个复杂的商业环境中，如何快速识别潜在的市场机遇？

2. 如何在项目规划阶段融入高品质的理念？

模块二　理解需求，重塑体验

锦囊一　以人为本，建构动线

在会展项目中，动线规划是引导参展商与观众在展览空间内有序流动的关键，对展览空间的利用效率及参展各方的体验产生直接影响，是实现会展项目价值的重要组成部分。因此，在进行展览动线规划时，必须充分考虑人的行为习惯、需求和心理感受，始终秉持以人为本的理念。

不同类型的会展吸引不同的人群，其行为习惯也存在显著差异。只有准确把握观众的行为习惯，在规划展位布局和展品陈列顺序时，才能引导观众按照预期路径参观，有效减少人流交叉和拥堵。同时，关注观众在空间内的行走速度、停留时间和聚集区域也至关重要。通常情况下，观众刚进入展览场馆时行走速度相对较快，主要是对整体环境进行初步了解；当遇到感兴趣的展位或展品时，便会放慢脚步甚至停留下来。基于此，在动线设计中合理设置休息区域和互动区域就显得尤为必要。依据展览的主题和展品分布来规划清晰流畅的路线，是动线设计的重要环节。要打造简洁明了、易于理解的主要动线，使其贯穿整个展览空间，连接入口、主要展厅、论坛区、休息区等各个重要功能区域，确保参展商和观众能轻松找到自己想去的地方。同时，在设计过程中要充分考虑不同区域之间的连接方式和人流方向，避免动线出现交叉、逆行和"死胡同"的情况，保证观众顺畅通行。另外，考虑到不同人群的个性化需求，针对这些不同需求设置支线动线，将主要展区与一些特色展区连接起来，方便观众快速到达目标区域；在人流高峰期，利用分流路线引导部分观众前往人流较少的区域参观，以缓解主要动线上的压力。

融入引导标识系统，能为参展商和观众在展览空间内的行动提供有效指引。在展览空间内设置明显、准确的引导标识，如指示牌、地面标识、电子显示屏等。引导标识的设计要简洁易懂，采用清晰的文字、图形和颜色，让参展商和观众能够在第一时间获取信息。例如：在指示牌上，用醒目的大字标明各个展区的名称和方向，并用不同颜色的线条区分不同的路线；在地面上，用彩色的胶带或油漆绘制指示箭头，引导观众的行走方向；在电子显示屏上，实时显示展览的活动安排、展位分布和人流情况等信息，方便观众随时了解展览动态。同时，利用数字技术，如手机应用程序、电子地图等，为参展商和观众提供更加个性化的导航服务。观众可以通过手机应用程序，自行输入感兴趣的展品或展位名称，系统自动规划最佳的参观路线，并实时导航；应用程序还可以提供展品介绍、活动提醒等功能，增强观众的参观体验。在展览场馆的各个关键位置设置电子地图，方便观众随时查询自己的所在位置和周边的设施分布情况。除此之外，在重要节点和容易产生疑惑的地方，可以安排工作人员引导观众和解答疑问。

在展览动线设计中，对特殊人群的人文关怀也是保障展览品质的基本要求。例如，为行动不便的人群设计无障碍通道和特殊设施，在展览场馆内设置无障碍卫生间、无障碍电梯等特殊设施，并在标识系统中明确标注其位置，方便特殊人群使用。为视力障碍人群提供语音导览、盲文标识等服务，语音导览可以通过手机应用程序或现场的导览设备实现。此外，在展览活动的设计上，也要考虑不同年龄、不同文化背景人群的需求，针对不同文化背景的观众，提供多语言的导览服务和文化解读资料，让观众能够更好地理解展览内容，提升全体观众在展览中的体验感和参与度。

以终为始，强化感受

在会展项目管理中，"以终为始"的策划理念是一种以目标为导向的战略思维方式，强调从项目的终极目标和受众的最终体验出发，逆向推导并规划项目的各个阶段。这种策略不仅能够确保项目的整体方向清晰明确，还能通过精心设计的内容和体验，激发受众的深层情感共鸣，从而打造出具有吸引力和影响力的会展项目。

第一，"以终为始"要求项目团队在策划之初就明确项目的终极目标。这一目标不仅包括会展的商业价值（如品牌推广、市场拓展、销售转化等），还包括受众的情感体验和认知价值。通过将目标具体化和量化，项目团队能够在整个项目生命周期中始终围绕这一核心目标展开工作。其中要重点明确受众需求（深入研究目标受众的兴趣点、行为模式和情感诉求）以及定义成功标准（例如参展人数、互动参与度、品牌曝光率或受众满意度等）。

第二，从终极目标出发，将其逐步分解为可执行的阶段性任务，确保每一步都为最终目标服务。"以终为始"的策略强调通过逆向推导，将终极目标分解为多个阶段性目标，并为每个阶段设计具体的任务和资源配置。这种方法能够确保项目的每个环节都紧密衔接，避免资源浪费和方向偏离。

第三，在会展项目中，故事化展示和主题营造是激发受众情感共鸣的关键手段。将项目内容融入一个连贯的故事情节中，能够让受众在参与过程中产生沉浸感和代入感，从而强化他们的体验记忆。确保会展的所有元素（如场景设计、互动环节、宣传内容等）都围绕核心主题展开，形成统一的视觉和情感体验。"以终为始"的策划理念最终指向的是受众的情感体验。精心设计的内容和互动环节，能够激发受众的深层情感共鸣，从而提升会展的吸引力和影响力。

为达成此目标，首要任务是与参展商及观众进行深入沟通，全面而精确地掌握他们对会展项目的期望与需求。唯有在明确这些期望之后，方能在会展策划的起始阶段有针对性地规划和安排各项活动与展示内容，确保每一环节均紧密围绕终极目标展开。优化全程体验是构建高品质会展项目的核心。从观众接触到会展宣传推广的那一刻起，项目团队就应致力于营造积极的预期体验，激发他们对会展的浓厚兴趣和热切期待。进入会展现场后，更应将提升观众的感受置于首位，全方位优化服务与体验。具体而言，入口处应安排热情友好的工作人员进行接待，并为观众提供详尽的会展指南；展位设计不仅要注重展示效果，还要增强互动性，确保参展商的产品能够以最佳状态呈现给观众；在活动组织方面，务必保证流程紧凑、内容丰富多彩，以吸引观众积极参与，并使观众获得愉悦的体验。

此外，收集反馈并持续改进是推动会展项目不断优化的重要手段。在会展进行中和结束后，应通过问卷调查、现场访谈、在线评论等多种途径，广泛收集参展商和观众的反馈意见。设计科学合理的调查问卷，涵盖展览内容、服务质量、活动组织、场馆设施等多个维度，全面了解受众的满意度和具体改进建议；在会展现场进行随机访谈，与参展商和观众面对面交流，深入挖掘他们的真实感受和需求；同时，密切关注在线评论平台上的用户反馈，及时捕捉各方意见。对收集到的反馈进行细致入微的分析，借助数据分析和内容分析手段，精准识别存在的问题和不足，例如某些展位展示效果不尽如人意、活动现场秩序有待改善、场馆内休息区域配置不足等。针对这些问题，制定切实可行的改进措施和解决方案，并将其有效应用于下一次会展项目中。通过这样不断循环的反馈收集和改进过程，会展项目能够更好地契合受众需求，持续提升品质和竞争力，为参展商和观众创造更加优质、难以忘怀的会展体验，从而实现会展项目的可持续发展。

思考题

1. 在设计用户体验时，如何从用户的角度出发，构建符合需求的体验动线？

2. 如何通过细节设计提升用户的整体感受？有哪些成功的案例可以借鉴？

模块三 平衡资源，优化配置

锦囊一 促进资源合理转化

在会展项目管理中，资源合理转化是实现项目高效运作和价值最大化的关键环节。会展项目涉及多种资源，如人力、物力、财力、信息等，只有将这些资源合理转化为实际的会展服务和成果，才能确保项目目标的达成。

第一，必须详尽分析会展项目所需的各类资源的种类。根据项目的规模、主题以及预期参与人数等关键因素，精确评估各类资源的需求量。通常情况下，会展项目的资源需求评估应基于展示产品或服务的数量与规格，以确定场地面积及展位搭建所需材料的数量；依据预期观众流量，配置相应数量的工作人员，包括安保人员、引导人员及服务人员；并结合活动流程，估算音响、灯光及多媒体设备等物资的需求。同时，需对不同阶段的资源需求进行细致分析，在筹备阶段，可能需要大量人力资源进行展位搭建、活动策划及宣传推广。

第二，根据资源需求分析的结果，制定详尽的资源转化策略。明确各类资源的转化流程及关键时间节点，以确保资源能在恰当的时刻、以适宜的方式得到应用。在人力资源管理方面，应规划招聘、培训及人员调配的时间表，提前进行人员招募并实施专业培训，确保工作人员在会展筹备及举办期间能够熟练地履行其职责。在物料资源方面，需明确采购、运输及安装调试的时间节点，确保展位搭建物料及各类设备能在项目正式展示前及时完成搭建，并保证安装调试工作顺利完成。在资源分配过程中，应合理安排各项资源配置的优先顺序，优先满足关键环节及紧急任务的资源需求，例如在项目开幕前，确保电力供应、网络通信等基础设施的资源配置得到妥善解决。

第三，在会展项目的执行过程中，建立一套有效的资源转化监控体系至关重要，以便实时监控资源的使用状况，对比实际进度与既定计划的偏差，并及时识别和解决资源配置过程中出现的问题。通过周期性地审查与数据统计，可以准确掌握人力资源的出勤率和工作效率，以及物料资源的消耗量和库存状态。若发现特定区域的展位搭建进度滞后，应迅速调配额外的人力和物资以提供支持。

在开展未来会展项目的过程中，必须借助现代科技手段，以提升资源利用的效率。将资源数字化转换和数据共享，不仅能显著提高资源配置的效率，还能减少对实体场地和物质资源的依赖。此外，引入共享经济模式，与其他会展项目或企业共享诸如场地、设备等资源，亦能降低资源采购和租赁的成本。

锦囊二　精细管理，有效整合

精细化管理和高效整合是提高会展项目资源配置效率的关键策略。通过细致入微的管理与有机的资源整合，能够充分激发资源间的协同作用，进而提高项目的综合竞争力。

第一，应对会展项目所涉及的各类资源进行明确的分类，包括人力资源、物力资源、财力资源以及信息资源等，以便对各类资源进行准确的定义和阐释。随后，针对不同类型的资源，应制定相应的管理策略和方法。对于人力资源，应依据员工的技能和专长进行合理分配，并建立绩效考核体系，以激励员工提升工作效率；对于物力资源，应建立详尽的资产台账，并加强设备的保养与管理，确保其正常运转；对于财力资源，应严格执行财务预算和审批流程，强化成本控制和资金运用监管；对于信息资源，应构建信息管理系统，以确保信息的采集、整理、存储和传递的精确性和时效性。

第二，对项目所需的各项内部资源进行综合管理。在项目筹备阶段，策划部门、营销部门、运营部门等需紧密协作，实现信息与资源的共享。策划部门（人员）在拟定会展项目方案时，必须充分考量营销部门（人员）搜集的市场需求及观众反馈信息，运营部门（人员）则应依据活动方案预先完成场地布置及服务保障的准备工作。通过整合内部人力资源与物质资源，防止资源的重复配置和浪费。

第三，积极开拓外部资源渠道，整合各方资源，为会展项目提供服务。这包括与供应商、合作伙伴、赞助商等建立稳固的合作关系，确保物资和服务的质量以及供应的稳定性，并努力争取更有利的采购价格和合作条件。同时，还需与行业协会、企业等开展合作，共同举办活动，共享客户资源，以提升会展项目的行业影响力和吸引力。此外，积极寻求赞助商的支持，通过提供广告位、品牌推广机会等方式，换取资金、物资或服务方面的赞助，以缓解项目资金压力，丰富项目资源。

随着会展项目的逐步推进和实施，市场环境、项目需求以及资源状况等诸多因素均有可能发生不同程度的变动。这些变动可能会对项目的顺利进行产生一定的影响，因此，为了确保项目能够按照既定目标高效推进，就必须对资源进行适时的调整和优化。为此，需要定期对资源利用的效果以及项目的进展情况进行全面而细致的评估，深入了解各项资源的实际使用情况和项目的具体进展。在此基础上，依据市场环境、项目需求以及资源状况等实际情况的变化，及时对资源配置方案作出相应的调整和改进，以确保资源配置的科学性、合理性和有效性，从而为项目的顺利实施提供坚实的保障。

思考题

1. 你是否遇到过资源浪费的情况？如何通过合理转化避免类似问题？

2. 在资源整合过程中如何平衡短期利益与长期目标？

模块四 有效沟通，管理冲突

锦囊一 积极倾听，善于提问

在会展项目执行过程中，主动聆听会展团队成员、参展商、观众等各方的意见与需求，并通过提问技巧掌握关键信息，对于实现有效沟通、预防及解决可能出现的冲突具有至关重要的作用。

首先，在倾听与会展项目相关的组织和个人所传达的信息时，必须明确对方阐述内容中包含的元素，分辨其中的情绪、事实和期望。倾听不仅需理解言语内容，还应捕捉情感信号。需注意对方的语气、语调、表情等非言语信息。例如，在与参展商沟通展位布置需求时，应专注于理解参展商对空间利用、展示风格的期望。同时，学会运用适当的肢体语言回应，使对方感受到被关注和理解。此外，恰当控制自己的表达欲望，避免过早打断对方。若参展商在谈论展位位置时语气急切、表情焦虑，这可能表明展位位置对他们极为重要，背后可能隐藏着吸引更多观众、与竞争对手形成差异化展示等需求。通过这些细节，可以深入理解对方的真实意图，为后续沟通和决策提供更精确的依据。

其次，熟练提出适宜的问题以搜集信息，引导交流的流程，达成既定目标。例如，在不同的情境中选择适当的提问方式。当期望激发更多创新思维时，宜采用开放式问题，以促进交流对象的思考与创新，从而收集到多元化的建议；而在确认关键信息时，则应使用封闭式问题，以获得明确的肯定或否定回答，确保工作细节得以落实。此外，在提问过程中，需掌握问题的深度与时机，避免在对方刚开始表达观点时提出过于深入或尖锐的问题，以免打断其思路。随着交流的推进，逐步提出深入探究的问题，引导对方深入思考，获取更全面、有价值的信息，为会展项目的策划与执行提供更多的参考依据。

鉴于会展项目往往需要多部门的协同工作，而各职能部门对项目的关注焦点及需求存在差异，因此，主动倾听与提出恰当问题是沟通环节中至关重要的因素。项目经理应主动聆听各职能部门的意见，深入理解不同团队成员的工作重心及所面临的挑战，并提出有针对性的问题，共同寻求解决方案，以增进部门间的合作与交流，确保项目总体目标得以实现。

锦囊二 协同共创，合作共赢

在项目实施及运营阶段，冲突乃不可避免之挑战。其可能源自不同背景、不同立场的人员间的意见分歧，或是不同种类的稀缺资源分配不均，抑或是项目目标与现实情况之间的偏差。妥善处理及解决冲突，依赖各方协作与共同努力，因此在项目启动之初即需营造协同共创之氛围，建立合作共赢之机制，以有效整合各方资源与智慧。

首先，在会展项目启动之初，需组织项目团队成员、参展商、合作伙伴等共同参与目标设定过程。明确会展项目的总体目标，并将其细化为具体的、可衡量的子目标。尽管参与项目的不同组织和个人的项目不尽相同，但是可以通过充分沟通和引导，使各方充分参与总体目标的制定，使各方更好地理解项目总目标的意义和价值，增强对目标的认同感和归属感，为协同合作奠定基础。

其次，建立机制与制度，推动不同组织及个人在开放沟通平台上确立共同的绩效指标。将个人绩效与团队整体绩效相结合，确保团队成员深入理解各阶段目标与任务。同时，运用线上线下协作工具，实现即时交流与文件共享，消除时空障碍，以促进相互支持，确保工作的高效推进。

在会展项目的实施过程中，利益冲突乃频繁出现的现象。面对此类冲突，项目经理应成为沟通各方的核心桥梁，积极促进各方以真诚和开放的心态进行交流，共同分析冲突的根本原因及其带来的影响。通过对话和协商，寻找一个为各方所接受的解决方案，引导建立一个公平的利益分配机制，确保各方在合作中均能获得应有的回报，进而维护并推动合作关系的稳定性和持续性发展。

● ● ●　　　　　　　　　　　**思考题**　　　　　　　　　　　● ● ●

1. 在团队沟通中如何通过积极倾听获取关键信息并建立信任？

2. 在团队协作中如何通过协同共创实现各方利益的最大化？

模块五 服务设计提升价值

锦囊一 全面评估用户旅程

服务设计作为一种强化以用户为中心的思维理念，区别于传统项目管理中以任务和流程为导向的逻辑特点。传统项目管理侧重于通过明确的计划、组织、协调和控制活动来确保项目目标的实现，其核心关注点在于按时、按预算完成既定任务，确保项目成果符合预先设定的质量标准。这种管理方式通常以项目计划为蓝本，通过严格的进度监控和资源分配来推动项目向前发展，确保各个阶段的任务能够顺利衔接，最终实现项目的成功交付。服务设计则将关注的焦点从项目任务转向了用户的需求和体验。它不仅仅关注项目的最终成果，更注重在整个项目生命周期中如何为用户创造价值，提升用户的满意度和忠诚度。服务设计强调从用户的角度出发，通过深入了解用户的需求、期望和痛点，来设计和优化服务流程与体验。这种方法要求项目团队在项目规划和执行过程中，持续地与用户互动，收集反馈，并根据用户的实际体验进行动态调整和优化。

将服务设计运用在会展项目管理中，首要任务是定义用户画像。会展项目的用户涵盖参展商、专业观众、普通观众等多种角色，每个角色在会展中的需求和行为差异较大。参展商更关注品牌推广、业务拓展和投资回报，专业观众侧重于行业交流、获取前沿信息，普通观众则追求新奇体验和消费购物。因此，需针对不同角色收集与评估用户参与会展的数据与过程（通常包括会前、会中、会后三个阶段）。

其次，对所搜集的数据进行系统整理与深入分析，以揭示用户在不同阶段的痛点（指客户在使用产品或服务过程中遇到的问题、困难、不便或不满意的方面），尤其是初始阶段与最终阶段的体验。依据对痛点的分析结果，精确理解用户需求，制定出具有针对性的优化策略。同时，综合考量优化策略的成本与效益，有针对性地调整改进方案，并持续监控其效果。在未来的会展活动或后续项目中，重新收集用户体验数据，对比优化前后的各项指标，不断改善展览服务，以提高用户体验和项目价值。

通过将服务设计理念融入传统项目管理中，项目团队可以更加关注用户的需求和体验，实现从任务导向到用户价值导向的转变。这种融合不仅能够提升项目的整体品质，还能够增强用户的满意度和忠诚度，为项目的长期成功奠定坚实的基础。

微视频：
会展项目设计创新

锦囊二　重新定义服务价值

在传统项目管理中，项目规划通常基于项目目标和任务分解，注重通过明确的计划、组织、协调和控制活动来确保项目目标的实现。这种方法的核心在于按时、按预算完成既定任务，确保项目成果符合预先设定的质量标准。然而，这种以任务和流程为导向的管理方式往往容易忽视用户的真实需求和体验，导致项目成果可能无法完全满足用户的期望。相比之下，服务设计则强调以用户需求为核心来构建项目计划。其本质是用设计思维解决复杂的系统性问题，是将服务视为一个动态生态系统，协调人、流程、技术、环境等要素的协作关系，关注用户与服务的所有交互触点（包括线上/线下、前台/后台、可见的界面与环境、不可见的流程与数据等不同方面）。这种方法的最终目标是让服务更人性化、更高效，而且要在用户满意与商业成功之间找到平衡，在与不同利益方的互动中共同创造价值。这种方法使得项目团队能够快速响应市场变化和用户需求的动态变化，确保项目成果始终符合用户的最新期望。

第一，在项目启动阶段要建立用户研究机制。项目团队需要建立系统的用户研究机制，通过多种方式（包括但不限于用户访谈、问卷调查、焦点小组讨论等）收集用户需求和期望。这些研究方法可以帮助项目团队深入了解用户在项目中的角色、需求、期望以及可能遇到的问题，为项目的规划和设计提供坚实的基础。基于这些用户需求，项目团队可以制定更加贴合用户实际需求的项目目标和工作任务。

第二，在项目规划阶段，项目团队需要根据全面评估用户旅程所发现的痛点和需求，对现有服务流程进行优化。这包括简化繁琐的环节，提高服务效率，确保用户在参与项目过程中的每一个环节都能获得顺畅的体验。在此基础上，项目团队可以通过建立用户信息数据库，收集和分析用户的历史行为以及实时行为数据，实现服务的智能化推荐和个性化定制。当用户参与会展项目时，系统能根据其过往行为和偏好，自动推送符合其需求的信息和服务，提升用户体验的个性化和专属感。

第三，在项目实施阶段要持续收集用户反馈，并根据反馈信息及时调整和优化服务流程与体验。这种方法使得项目团队能够快速响应市场变化和用户需求的动态变化，确保项目成果始终符合用户的期望。此外，项目团队还需要打破传统的部门壁垒，实现跨部门的紧密协作，确保用户在与项目相关的各个环节都能获得一致且优质的体验。

第四，在项目评估阶段要构建以用户价值提升为导向的评价机制。通过收集用户的反馈意见，更全面地了解项目的优势和不足。这种以综合考量用户反馈为导向的评估方式，不仅能够帮助项目团队总结经验教训，为未来的项目提供改进方向，还能够增强用户对项目的认同感和忠诚度。此外，由于会展项目所处的市场环境、用户需求和技术手段都在不断变化，项目团队需要定期回顾和更新"服务"的定义，确保项目始终能满足用户的需求，保持在市场中的竞争力，为用户创造更高价值的体验。

微视频：
会展的设计与创新

● ● ●　　　　　　　　　　思考题　　　　　　　　　　● ● ●

1. 如何全面评估用户在服务中的体验？请从所思、所做、所感几方面进行分析。

2. 如何结合用户需求和市场趋势进行创新设计？

技能篇

会展项目管理技能修炼

知识目标
- 掌握会展项目管理十大模块的核心概念与方法，理解各模块在管理流程中的定位与关系。
- 区分不同流程与模块中的管理工具，并掌握不同工具适配的原理与实施方法。

技能目标
- 具备识别会展项目干系人信息（需求、期望和影响力等），并据此设计适配的模块化管控工具以提升项目运营效率的能力。
- 能够合理设定会展项目目标，界定会展项目范围，运用成本、质量、信息和风险管理等工具确保项目按时且高质量完成。

素质目标
- 培养系统思维与全局观念，养成从系统角度看待会展项目管理的思维，构建既能整体规划又能实际操作的素养体系。
- 养成能根据市场变化快速定位问题本质并适时调整的职业习惯，建立风险预判与跨模块资源整合的意识。

阿福的"锤子困境"

在清平镇，有个木匠叫阿福，手艺精湛，做木工活细致用心，十里八乡的人常找他打造家具、修缮房屋。他有把祖传锤子，陪他走南闯北，立过不少功劳，他很喜爱，干活总带着。有一回，镇上富商要在自家园林建八角亭，听闻阿福手艺好，便把活儿交给他。阿福接下任务，带着锤子开工了。可建造八角亭不简单，结构复杂，需用大量榫卯技艺连接部件。阿福一心想用锤子，看着要拼接的木材，只想着钉子和锤子，拿起锤子就钉钉子，想固定部件。但榫卯讲究契合精准，钉子没用，阿福费了劲，木材还是摇晃，亭子框架搭不起来。

没多久，富商来查看，见阿福的方法愣住了，着急地说："阿福师傅，这八角亭得用榫卯结构，钉钉子不行！"阿福却自信地回答："您放心，我用锤子多年，啥木工活都能搞定，钉子肯定能建好亭子。"富商无奈地摇头离开。时间过去了，阿福的工作毫无进展，八角亭框架依旧歪斜，被钉子敲得千疮百孔的木材越来越多。阿福着急，却不愿放下锤子尝试他法。这时，阿福的师傅李伯听说此事后赶来。李伯看着阿福的"成果"，语重心长地说："阿福啊，木工活儿不只是敲钉子，不同活儿要用不同工具和技巧，这八角亭得用榫卯，锤子使不上劲。"说着，李伯拿出墨斗、锯子、凿子等工具，熟练操作，先弹墨线，再锯形状，然后打造榫卯结构，将部件完美拼接。阿福看得目瞪口呆，这才明白不是所有木工活都能用锤子解决。在李伯的指导下，阿福慢慢放下对锤子的执念，开始学习使用各种工具，八角亭建造逐渐走上正轨。

在项目实践中，从业者很容易陷入与阿福同样的"锤子困境"，过分依赖所熟悉的工具与方法。然而，项目管理恰似构建一座八角亭，每个项目都拥有其独特的结构和需求，且在不同的发展阶段会遭遇各种挑战。因此需要像技艺精湛的工匠一样，根据项目的实际情况，灵活运用最恰当的工具和方法，以期打造出成功的"项目作品"。

模块一　干系人管理

导入案例

从"抗议围城"到"多方共赢"

2024年，某文化展的筹备工作本应是一场展示亚运场馆赛后利用成果、传承亚运精神的盛大活动。此次展览涵盖12个亚运场馆改造项目的成果展示，承载着传播亚运文化、促进城市发展的重要使命。但就在开幕前两周，周边居民代表组织了200人进行抗议活动，强烈反对夜间灯光秀，认为其严重干扰正常生活作息。而智慧设备供应商更是以知识产权为由，扣押了核心展品的控制系统，使得部分重要展品无法正常展示。这些问题迅速在社交媒体上引发轩然大波，负面舆情在48小时内浏览量就突破了500万次。抗议活动的升级导致安保费用激增45%，消防验收也因现场混乱而停滞。开幕式嘉宾出席率骤降至61%，三家赞助商更是宣布撤资，展览面临着巨大的经济损失和声誉危机。

面对这些挑战，团队紧急对各类干系人进行了重新梳理和分类。他们紧急邀请了一些具有影响力的干系人加入决策委员会，让其深度参与展览的决策过程，充分发挥其在政策支持和资源协调方面的关键作用。并针对不同类型的干系人定制了专项沟通简报及意见反馈机制，安排专人与其沟通，及时解决干系人的诉求，并让他们能够及时了解展览动态，保持对项目的关注和支持。例如针对智慧设备供应商，团队设计了"技术溯源二维码"，在现场标注专利信息，既保障了供应商的知识产权，又提升了展品的科技感和吸引力。另外，为了满足周边商户对经济效益的期望，团队还开发了"展览客流－商业联动"数据看板，帮助商户根据展览客流情况合理安排经营活动，实现互利共赢。针对居民抗议灯光秀扰民这一核心冲突，团队结合技术可行性制订降噪方案，并建立了合理的补偿机制，最终确定将灯光秀时间调整为19点至20点30分，并同步开通社区专属预约通道的方案。通过一系列有效的措施，团队成功化解了危机，取得了显著的管理成效。开展首周接待量就达到8.7万人次，创下了市级专题展的新纪录，催生了"展馆－社区共生发展"新模式，实现了展览与周边社区的和谐共处。

项目一　项目干系人的分析归档

项目干系人是指围绕项目发展、构成利益关系的相关组织和个人，也就是影响项目决策、活动或结果的个人、群体或组织，以及受项目决策、活动或结果影响的个人、群体或组织。通常包括客户、发起人、投资者、承约商、项目团队、供应商等。其中，客户也称为使用者，即将来使用项目产品的个人或组织。客户可分为多个层次，依据与项目的关系远近分为直接客户和间接客户，例如会展项目的直接客户为会展项目的投资者或发起人，间接客户包括参展商、采购商、普通观众等。依据项目内外的来源分为内部客户和外部客户，项目由系统组织内部承担的，其委托的上级即为内部客户；项目委托外部承担的，对项目承约方而言，其客户则为外部客户。发起人负责项目所需资料及项目安排等，可以是客户、投资者，也可能是项目所属组织的上级部门。投资者是以投资形式为项目发展提供资金和实物，并寻求回报的个人或组织。承约商是项目的直接承担者，一般通过中标获得项目承接任务。根据业主要求，承约商负责项目的启动、规划、实施和收尾工作。项目团队是在项目经理领导下服务承约商，负责项目的临时性专门组织，在市场上，与承约商具有风险共担、盈利共享的密切关系。供应商是指为项目承约商提供场地、原材料、设备、工具等服务，获取盈利的个人或组织，其信誉和供给保障直接影响项目的进展与质量。

具体的会展项目涉及组展商、中介机构、参展商以及产业支持系统等各方面因素，因此，任何会展项目都面临复杂的项目干系人。项目团队的工作职责之一，就是协调项目干系人关系，促使项目利益的最大化和项目干系人各自利益的优化。不同的项目干系人与项目的关系呈现多样性，有些能够对项目的发展起到推动作用，有些会受到项目结果的影响，还有些既影响项目又受到项目的影响。这种影响可能是积极的，也可能是消极的。

会展项目管理工作中，首先是具体识别项目的所有干系人。在会展项目实践中，项目干系人包括政府、组展公司、场馆企业、会展相关企业（如展台设计、运输和搭建企业）、酒店及餐饮企业、交通及旅游企业、会展行业协会、组展公司竞争对手、参展商、参展观众、会展举办城市、媒体、社会公众、环保组织、宗教团体、教育机构等。其中，政府、组展公司、参展商、参展观众等属于核心层干系人；场馆企业属于次核心层干系人；会展相关企业、会展行业协会属于支持性干系人；社会公众、酒店及餐饮企业、交通及旅游企业属于边缘性干系人。

识别干系人后，下一步是进行干系人分析。干系人分析的目的是了解每个干系人的需求、期望、影响力和利益相关度。通过细致剖析这些利益相关者影响项目的具体方式以及影响程度，依照其对项目产生影响的不同类别与程度高低来进行合理排序。依据排序结果制定出与之适配的应对策略，以此来对项目干系人的认知状况与行为表现加以引导。最后，在整个项目推进期间，始终密切留意并监督项目干系人对项目所产生的影响情况。

由于干系人的角色和身份复杂多样，给分类工作带来了一定难度。以下按照干系人对项目的影响程度和态度方向进行分类（表3-1）。

表3-1　干系人类型矩阵

干系人类型	影响程度	态度方向
倡导者	对项目高度支持，积极推动项目的实施，通常是项目的发起人或核心决策者	不仅提供资源，还会主动宣传项目的价值
支持者	对项目持支持态度，但参与程度较低，通常在需要时提供帮助或资源	是项目的潜在助力者，但不会主动推动项目
积极推动者	对项目有较高的参与度，愿意为项目的成功付出努力	可能是项目团队成员或与项目有直接利益的干系人
参与者	对项目有一定的兴趣或责任，参与项目的某些环节，但影响力有限	通常是项目的执行者或任务承担者
中立相关方	对项目持中立态度，既不支持也不反对，通常是项目外围的观察者	态度可能会随着项目进展而发生变化
不积极相关方	对项目持保留态度，可能对项目的某些方面不满，但不会直接反对	可能需要通过沟通和利益协调来争取支持
反对者	对项目持明确反对态度，可能会采取行动，阻碍项目的推进	通常是项目的风险来源，需要重点关注和管理

项目干系人管理的基本思路是引导各类干系人朝着有利于项目推进的方向进行认知和行为转变。尤其要注重争取那些对项目发展起关键作用的中坚力量，尽可能获得更多利益相关者对项目发展的支持。

项目二	干系人管理工具箱

项目干系人管理的核心在于澄清四个关键问题。第一，必须明确干系人的主体，即确定谁是干系人。第二，需要确立划分干系人之间主次关系的标准。第三，必须梳理干系人参与项目的层级与深度。第四，应预测干系人之间的利益关系，识别可能的冲突源头，并探索潜在的解决策略。识别干系人是一个持续且反复的过程，必须识别出每个干系人对项目的真实需求和期望，以及他们可能对项目产生的作用和贡献，尤其是要关注干系人在项目中的利益以及对项目成败的潜在影响。

一、基于组织结构的干系人管理

1. 理解组织结构

了解组织的结构和层级关系。通过分析组织结构图，可以识别出不同部门和层级的角色及其相互关系。常见的组织结构包括：

①职能型结构：按职能划分，如市场、财务、运营等。

②矩阵型结构：结合职能和项目，团队成员可能同时隶属于多个部门。

③网络型结构：通过外包或合作的方式，将部分职能交由外部团队完成。

2. 确定关键干系人

关键干系人通常包括：

①项目发起人：负责项目的批准和资源分配，通常是高层管理人员。

②项目经理：负责项目的整体管理和执行。

③团队成员：参与项目实施的各类专业人员，如策划、市场、运营等。

④客户和观众：会展的最终用户，他们的需求和反馈对项目的成功至关重要。

⑤供应商和合作伙伴：提供服务或产品的外部组织，如场地、设备、技术支持等。

3. 分析干系人的利益和影响

运用"利益-影响"矩阵，分析干系人的利益和影响力（图3-1）。

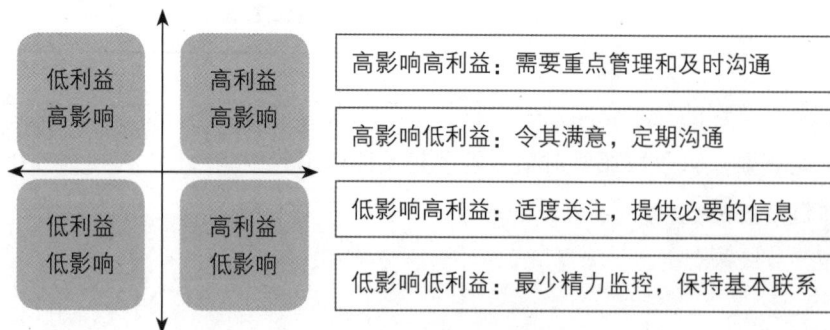

图3-1 利益-影响矩阵图

4. 制定沟通策略

根据干系人的分析结果，制定相应的沟通策略。对于高影响、高利益的干系人，定期召开会议，提供详细的项目进展报告；对于低影响、高利益的干系人，可以通过电子邮件或简报的方式进行信息更新；对于高影响、低利益的干系人，可以定期沟通以保持其满意；对于低影响、低利益的干系人，保持基本的联系即可。

5. 持续监控和调整

干系人的需求和影响力可能会随着项目的进展而变化，因此，持续监控干系人的状态和反馈是必要的。定期评估干系人分析和沟通策略的有效性，并根据实际情况进行调整，以确保项目的顺利进行。

二、基于决策链的干系人管理

项目管理的过程充满了各种复杂的决策，并涉及多个关键角色，每个角色都具有不可或缺的职能。决策批准者负责对决策方案进行最终的审批和会签，确保决策的合法性和合规性。决策者依据决策支撑者提供的专业建议，综合各方面因素，最终作出决策。决策支撑者则负责为选择合作公司提供详尽的咨询建议，包括市场分析、风险评估等，为决策者提供强有力的支持。评估者负责对提出的建议进行全面、客观的评估，确保建议的可行性和有效性。决策影响者是需要被告知决策内容的人员，可能会受到决策结果的直接或间接影响。在整个决策链中，与目标距离较近的干系人通常具有更高的重要性，因为他们对决策结果的影响更为直接和显著。同样地，与决策轴线距离较近的干系人亦然，他们的意见和反馈往往对决策的制定和执行起到关键作用。因此，在决策过程中，越靠近目标的决策链客户越重要，越靠近轴线的决策链客户越重要。

1. 理解决策链的结构

通常项目的决策链包括：高层管理，负责战略决策和资源分配，通常是项目的发起人或赞助人；中层管理，负责项目的实施和监督，通常是项目经理和部门主管；基层团队，负责具体执行任务的团队成员，包括技术人员、市场人员等。

2. 决策链中的干系人

决策层：项目发起人，对项目的成功负责，拥有最终决策权。

管理层：项目经理，负责项目的整体管理和协调，直接与团队和干系人沟通。

执行层：部门主管，在各自领域内负责资源分配和支持，影响项目的执行。

团队成员：参与项目实施的各类专业人员，其工作直接影响项目的进展和质量。

3. 根据决策影响矩阵列出方案（表3-2）

表3-2　决策链矩阵

决策链	影响方式	对应方案
决策层	项目需求、目标、策略、方案决策	充分沟通、确认项目目标和成功标准；安排例行汇报和项目述职；通过项目案例宣传和团队激励等，提高号召力
管理层	例行沟通、解决、管理问题	推动组织对项目管理团队的权力任命，邀请管理者参与项目会议，明确项目的价值，确定向决策层的反馈机制
执行层	项目例会、专项会议等	确保每个执行者清楚项目的目标、策略、方案和标准；制订沟通计划，保证日常沟通的顺畅；采用适当的激励方案，营造良好的团队气氛

4. 持续监控和调整

在决策链中，鼓励关键干系人参与决策过程，可以增加他们对项目的支持和承诺。通过召开工作坊、讨论会等形式，邀请干系人分享意见和建议，能够提高决策的透明度和接受度。此外，干系人的需求和影响力可能会随着项目的进展而变化，因此，持续监控干系人的状态和反馈是必要的。定期评估干系人，分析和沟通策略的有效性，并根据实际情况进行调整，以确保项目的顺利进行。

三、基于利益性质的干系人管理

通常一个会展项目涉及的干系人包括政府、组展公司、场馆企业、会展相关企业（如展台设计、运输和搭建企业）、酒店及餐饮企业、交通及旅游企业、会展行业协会、组展公司竞争对手、参展商、参展观众、会展举办城市、媒体、社会公众、环保组织、宗教团体、教育机构等。根据干系人与项目的利益相关程度和干系人性质，可以按照表3-3将干系人进行分类。

表3-3　干系人权力矩阵

干系人类别	干系人	相关权力
核心层干系人	政府（工商、税务、安保、检疫等）	直接利益需求和权力拥有者
	组展公司（策划、组展、管理等）	策划和组织展会，对各个干系人都有较全面的影响
	参展商	通过支付会展费用，从组展公司获得其相应的权力
	参展观众	通过购买门票获得相应的权力转移
次核心层干系人	场馆企业	场馆企业和组展公司之间签订协议后就将企业的权力转移到组展公司
支持性干系人	会展相关企业（广告、展台设计、物流和搭建企业等）	同场馆企业一样，无较大权力
	会展行业协会	具有较大权力但没有直接的利益需求
边缘性干系人	社会公众	直接利益需求和权力都较小的干系人
	酒店及餐饮企业	
	交通及旅游企业	

　　在进行项目干系人识别与分析的过程中，必须清晰地、具体地识别出"谁"是项目的坚定支持者，"谁"可能成为项目的反对者，"谁"手中掌握着关键的决策权，"谁"将会直接参与项目的各项活动，以及"谁"将负责执行具体的任务，还需要明确任务执行后最终的受益者是谁。项目干系人管理的核心在于如何均衡和协调各方之间的利益关系，以期在最大范围内获得干系人的广泛支持和认可，从而确保项目的顺利推进和成功实施。为此，项目团队应制定出一套详尽且周密的沟通策略，确保信息的透明度和传递的及时性，同时还要对各方干系人的期望进行有效的管理和引导。此外，通过持续的监控和评估机制，及时发现干系人需求的变化，并据此及时调整管理策略，以更好地适应这些变化。这一系列综合性的措施，旨在构建一个稳固且高效的干系人网络，为项目的顺利推进和最终成功奠定坚实的基础。

● ● ●　　　　　　　　　　思考题　　　　　　　　　　● ● ●

1. 假设在一个科技类会展项目里，项目干系人中的部分干系人对项目提出了与项目目标相悖的要求，此时应该如何协调以确保项目顺利推进呢？

2. 如何诠释"团结一切可团结的力量"这一理念，并将其应用于项目管理之中？

模块二　目标管理

📑 导入案例

元宇宙音乐节重生记

近年来，音乐节成为各地持续打造的品牌性会展项目。然而2024年一场数字音乐节在筹备初期就陷入了一片混乱。主办方预计投入800万元，立志打造"中国首个元宇宙音乐节"，想要在音乐与科技融合的领域开创先河，但相关方却各自为政。宣传部门一心追求"百万级线上流量"，只关注数字的增长，却忽略了流量转化与音乐节核心目标的关联；赞助商则迫切要求"精准触达Z世代用户"，希望通过音乐节实现精准营销，但与其他部门的行动缺乏协同；技术团队沉浸在"搭建全息投影舞台"的技术追求中，反复修改设计方案，却未充分考虑成本和时间限制；而地方政府则满怀期待其能够"拉动周边消费超千万"，以促进当地经济发展。这种混乱局面很快在实际筹备过程中引发了一系列严重问题。预售票开启7天，仅售出12%，导致20家赞助商中14家对音乐节的信心大打折扣，合作关系岌岌可危。舞台设计方案三度推翻，导致施工进度滞后了58%，工程现场一片混乱，工期的延误不仅增加了成本，还让整个项目的推进充满了不确定性。与此同时，社交媒体上出现了很多负面舆论，让音乐节的形象遭受重创。

在这千钧一发之际，主办方立即进行目标统筹，确定的总体目标是建立音乐节品牌差异化认知，让音乐节在激烈的市场竞争中脱颖而出。围绕这一总体目标，设定了三个关键结果：一是元宇宙舞台实现两大技术专利现场认证，突出音乐节的科技含量和创新性；二是观众二次传播率不低于65%，通过设置打卡点、AR合影等互动环节来实现，增强音乐节的社交传播力；三是衍生品销售额达到票务收入的30%，挖掘音乐节的商业潜力。将总目标拆解为子目标，并通过转化为"红黄绿"三色状态码让项目团队对每个子目标的进度一目了然。同时，建立目标达成率与资源解锁的绑定机制，激励团队积极推进项目。例如，线上预售达到10万张票，就解锁无人机表演预算，为音乐节增添亮点；衍生品设计稿通过审核后，立即启动工厂加急生产通道，确保衍生品能及时供应。经过一系列的努力，音乐节迎来了华丽转身。活动期间，全网曝光量突破7亿次，目标人群触达精准度提升至83%，成功吸引了大量目标受众的关注。现场衍生品售罄率高达97%，创造了单日周边消费420万元的纪录，实现了商业价值的最大化。

项目一　项目目标的定义及制订逻辑

一、目标定义

在会展项目管理的领域中，项目目标犹如灯塔，为整个项目的推进指明方向，是项目开展的核心驱动力。它不仅仅是一个简单的任务指向，更是项目各方利益诉求的集中体现，是衡量项目成功与否的关键标准。从本质上来说，项目目标是对项目在一定时间、预算和资源限制下，期望达成的成果的精确描述，包括成果目标、效益目标、环境目标以及管理目标等多个维度。

确立项目目标在整个项目实施过程中具有至关重要的地位，它不仅能够使项目团队成员清晰地认识到项目旨在解决的具体问题，还能明确项目最终预期达成的具体成果。因此，在设定项目目标时，必须基于对需求分析结果的全面且深入的解读和理解，以确保能够准确界定项目所面临的问题。只有在问题被准确且全面地定义之后，项目目标才能得以科学、合理地设定。项目所要解决的每一个问题，实质上都直接反映了项目需要满足的核心需求，这些需求是项目成功与否的关键所在。因此，项目目标的设定不仅是项目启动的基础，更是项目顺利推进和最终达成预期成果的重要保障。

二、制订逻辑

1. 基于组织战略与核心使命

在制订会展项目目标时，必须紧密贴合组织的战略规划及其使命和愿景。组织的战略导向决定了项目在市场中的定位及其发展轨迹。以某国际科技创新博览会为例，若其战略目标是成为全球科技创新成果转化的核心枢纽，那么其会展项目目标应当聚焦于促进前沿技术的展示与转化，搭建国际化的产学研合作平台，并提升博览会在全球科技创新领域的影响力。此外，项目目标还应充分体现组织的使命。若组织的使命是推动科技成果的产业化应用与全球共享，则会展项目目标可以包括展示具有高技术成熟度的创新成果、举办技术转移与合作的专题论坛，以及建立国际技术转化数据库等。这些目标能够确保项目活动与组织使命保持一致，并为实现组织的长期发展目标提供有力支持。通过将战略目标与使命有机结合，会展项目目标不仅能够明确项目的核心方向，还能为组织的整体发展提供持续的推动力。这种目标设定方法符合现代项目管理理论中的战略一致性原则，能够有效提升会展项目的市场竞争力和社会影响力。

2. 基于市场需求与竞争态势

深入探究市场需求对于确立合理且具有前瞻性的项目目标具有至关重要的作用。通过系统而全面的市场调研，我们能够有效地搜集到目标客户群体的具体需求信息、当前行业的发展趋势以及潜在的市场机遇。特别是在会展领域，随着消费者对于个性化和体验式消费需求的日益增长，如果我们计划筹办一场家居用品展览会，那么市场调研的结果将揭示出消费者对于智能家居产品和个性化家居定制服务表现出的浓厚兴趣。基于这些调研数据，我们可以将项目目标设定为构建一个集展示尖端智能家居技术、提供个性化家居定制解决方案于一体的综合性平台，从而更好地满足市场对于高品质家居生活的迫切需求。

与此同时，深入分析竞争格局同样显得极为关键。通过对竞争对手所举办的类似会展项目进行细致研究，我们能够准确识别出自身的竞争优势和独特之处。如果竞争对手的家居用品展览会主要聚焦于展示传统家居产品，那么我们的项目则可以将目标定位为强调智能家居和个性化定制，以此吸引那些对新技术和个性化服务有浓厚兴趣的参展商和观众。通过这种差异化的定位策略，我们能够在激烈的市场竞争中脱颖而出，赢得更多的关注和支持。

3. 基于项目干系人的期望

项目干系人对项目的成功至关重要，他们的期望与利益诉求对项目目标的设定具有直接且深远的影响。项目发起人普遍期望项目能够产生显著的经济效益和社会效益，例如通过项目的成功实施，能够有效增强企业的品牌形象，扩大企业在市场中的份额，从而提升企业的整体竞争力。参展商则期望通过参与会展活动，获得更多的商业机遇，提升自身品牌的曝光度，吸引潜在客户和合作伙伴，进一步拓展业务领域。而观众则希望在会展活动中获取有价值的信息，了解行业最新动态，并有机会亲身体验新产品与新服务，满足自身的求知欲和消费需求。因此，在制定项目目标时，必须全面综合考虑并平衡各干系人的期望，确保各方利益得到妥善兼顾。

以农产品展销会为例，为了满足项目发起人的期望，可以将提升当地农产品品牌知名度、促进农产品销售作为项目的重要目标之一。通过有效的宣传推广和品牌建设，提升当地农产品的市场认知度和美誉度，进而带动农产品的销售增长，实现经济效益的提升。针对参展商的具体需求，可以设定吸引一定数量的专业采购商参与展会、为参展商提供精准的商业对接服务等一系列目标。组织专业的采购商到场，搭建高效的商业对接平台，帮助参展商拓展销售渠道，提升参展效果。为了满足观众的期望，可以将展示多样化的特色农产品、举办农产品品鉴活动和农业知识讲座等内容纳入项目目标。通过丰富多样的展示和互动活动，为观众提供有价值的信息和独特的体验，确保项目能够全面满足不同干系人的需求，从而获得各方的广泛支持和认可。

4. 基于禀赋资源与受限条件

项目资源涵盖了多个重要方面，包括人力资源、物质资源、财务资源以及时间资源等，这些资源的有限性对项目目标的设定形成了显著的制约作用。在规划和实施会展项目的过程中，必须对可动用的各类资源进行全面而细致的评估。具体而言，如果项目的预算较为紧张，那么就不宜设定过于奢华的展位搭建和高成本的广告宣传目标，以免超出财务承受范围。同时，时间的限制也是一个不容忽视的重要因素。例如，如果距离会展开幕仅剩下三个月的时间，那么项目目标应当集中在那些能够在短期内迅速实现的任务上，如尽快确定参展商的名单、完成基础的宣传推广工作等。

除此之外，还需要充分考虑外部环境的各种限制条件，包括但不限于政策法规、社会文化背景以及自然环境等方面。在某些特定的城市，举办大型会展活动可能会受到场地使用时间、交通管制等政策法规的严格限制。在这种情况下，项目目标的设定必须与这些外部规定相契合，以确保项目的顺利进行。例如，需要合理规划会展活动的具体时间安排，确保所有展览和活动都能在政策允许的时间段内顺利完成，从而避免因违反相关规定而导致项目进展受阻，影响整体效果和目标的实现。

项目二　目标管理工具箱

目标管理作为现代组织管理的核心工具，其本质是通过系统化的目标传导机制，将宏观战略转化为可操作的执行方案，确保每个团队成员都清楚自己的工作目标和责任，从而提高组织的整体效率和绩效。目标管理的核心在于通过目标的设定和分解，将组织的战略目标转化为具体的行动方案，确保每个成员的工作都与组织的整体目标保持一致。可以按照下述流程开展目标管理工作。

一、分析项目情况

主要任务是对和项目有关的整个环境进行有效分析，包括自然环境、技术环境、市场环境、上层组织系统、外部环境、项目干系人（承包商、客户、相关供应商等）、政策环境、社会经济、法律环境等。

二、界定项目问题

在对项目情况进行分析的过程中，往往会发现一些影响项目实施的不利因素或问题，此时就要对这些因素或问题进行分类、界定，并经过认真分析，得出这些因素或问题产生的根源和界限。

三、确定目标因素

在完成了对项目情况分析和项目问题界定这两个步骤后，基本上就可以确定选用哪些标准来构建项目目标以影响项目的发展和成败。并且把这些影响项目发展和成败的因素具体体现在项目论证和可行性分析中，以便在项目实施的过程中作为参考。

四、建立目标体系

通过项目目标因素，对项目各层次的目标和相关各方面的目标进行确定，并对项目目标的重要性和具体内容展开表述。包括确立阶段性目标，其中哪些是期望目标，哪些是强制性（必须实现的）目标，以及这些目标之间的联系或制约。

五、目标管理方法

1. SMART目标设定法

SMART目标设定法是一种广泛应用于目标管理的方法，通过确保目标的具体性、可衡量性、可实现性、相关性和时限性，提高目标的清晰度和可操作性。SMART目标设定法的具体步骤如下。

具体性（Specific）：目标必须明确具体，避免模糊不清。例如，将目标"提高观众满意度"调整为具体的"将观众满意度提升至90%"。

可衡量性（Measurable）：目标必须可以通过具体的指标进行衡量。例如，将目标"提高服务质量"调整为可衡量的"将服务投诉率降低至5%"。

可实现性（Achievable）：目标必须是现实的、可实现的，避免过高或过低的目标。例如，将目标"在一个月内将观众流量提升100%"调整为现实的"通过丰富A、B、C三个宣传和获客渠道在一个月内将观众流量提升30%"。

相关性（Relevant）：目标必须与组织的整体战略和项目的核心目标相关联。例如，"提升员工福利"虽然重要，但可能与项目的核心目标无关。

时限性（Time-bound）：目标必须设定明确的时间限制，确保目标的实现有明确的时间节点。例如，将目标"完成项目策划"调整为"在三个月内完成项目策划"。

2. 关键绩效指标管理法

关键绩效指标（KPI）管理法是一种通过设定关键绩效指标来衡量目标实现情况的方法。KPI管理法的核心在于识别和设定关键绩效指标，确保目标的可衡量性和可操作性。KPI管理法的具体步骤如下。

确定关键结果领域（Key Result Areas，KRAs）：识别实现组织目标的关键领域，如市场拓展、产品质量、客户满意度等。

设定关键绩效指标（Key Performance Indicators，KPIs）：为每个关键结果领域设定具体的绩效指标，确保目标的可衡量性。例如，对于市场拓展，可以设定"新客户数量增长20%"；对于客户满意度，可以设定"客户满意度评分达到90分"。

目标分层与责任分配：从公司级KPI拆解到部门、团队直至个人层级，明确每个KPI的负责人和协作方。

动态监控与结果反馈：依赖实时数据监控，追踪个人绩效完成进度，并且定期复盘数据，识别偏差原因，迭代与调整行动策略，以确保指标顺利完成。

3. 平衡计分卡管理法

平衡计分卡（Balanced Scorecard）管理法是一种综合考虑财务和非财务指标的管理方法，通过设定多个维度的目标，确保目标的全面性和平衡性。平衡计分卡通常包括四个维度：财务维度、客户维度、内部流程维度和学习与成长维度。

财务维度：关注组织的财务绩效，如收入增长、成本控制等。

客户维度：关注客户满意度和市场表现，如客户满意度、市场份额等。

内部流程维度：关注组织内部的运营效率和质量，如生产效率、服务质量等。

学习与成长维度：关注组织的持续改进和创新能力，如员工培训、技术研发等。

上述四个维度可以确保组织在追求财务结果的同时，关注并改善能够帮助组织获取长期竞争力的要素。因此在实施时，首先需要明确公司的战略目标，理解考核的四个维度之间相互依存的逻辑关系，在每个维度象限内分解出3~5个关键指标，并设定量化目标。继而为每个指标设计具体的行动计划，并定期审视指标达成情况，动态调整行动策略，确保目标的实现。

4. OKR管理法

OKR（Objectives and Key Results）管理法是一种通过设定目标和关键结果来衡量目标实现情况的方法。OKR管理法的核心在于设定有挑战性的目标和可衡量的关键结果，确保目标的清晰性和可操作性。OKR管理法的具体步骤如下。

设定目标（Objectives）：目标必须是具体、有挑战性的，能够激发团队成员的积极性，例如"提升会展项目的品牌影响力"。

设定关键结果（Key Results）：为每个目标设定具体的、可衡量的关键结果，例如"在三个月内将品牌曝光率提升50%"。

分配任务和责任：个人制订与团队关键目标和结果关联的行动方向与计划，并且通过不同形式的沟通管理，确保达成不同层级的目标对齐与跨职能协作。

定期检查和评估：持续追踪绩效目标的完成率与绩效结果质量，及时识别障碍并调整执行策略。

• • • 思考题 • • •

1. 在一个旅游会展项目中由于原目标设定模糊导致招商困难，如何重新设定目标以改善招商情况？

2. 请介绍几种设定目标的方法，并对其特点进行分析。

微视频：
► 如何达成会展 ◄
项目目标

模块三　范围管理

导入案例

会展项目的"边界"管控挑战

2023年某国际非遗文化博览会筹备期间，项目组遭遇典型范围蔓延困境。该展会作为文化和旅游部重点扶持项目，原定目标为"搭建非遗技艺产业化对接平台"，规划展览面积3万平方米，预算2800万元，筹备周期6个月。但是开展前45天，某省非遗传承人联合体提出增设VR沉浸式体验区，要求配置12台Meta Quest3设备搭建数字非遗馆。此需求超出原定"实体展品+图文解说"的展览设计框架。筹备中期，地方政府为配合"文旅融合示范区"申报，临时要求增加3公里民俗巡游路线，涉及8个非遗表演方阵、200名演职人员调度，直接导致安保预算增加82万元。战略合作媒体在签约后第90天，基于收视率考核要求，将宣传周期从2个月延长至4个月，新媒体传播量指标从500万次提升至2000万次，产生额外内容制作费用136万元。这一系列的操作，最终导致项目的预算结构失衡（设备租赁费占比从18%飙升至35%）、进度节点失守（主展馆搭建完成率在开幕前72小时仅达63%）、质量风险显现（因赶工导致的安全检查疏漏引发展台坍塌事故）。

面对诸多挑战，项目组迅速组织紧急会议商讨应对策略。首先，针对VR沉浸式体验区增设一事，项目组与某省非遗传承人联合体深入沟通，明确必要性与预期效果，经协商双方同意引入赞助商共同承担设备租赁费用，减轻项目组资金压力。对于地方政府提出的民俗巡游路线要求，项目组通过优化设计并寻求政府资金支持与资源调配。此外，项目组紧急调配资源，调整安保措施，同时加强与媒体沟通协作，提高非遗博览会知名度的同时做好相关工作的宣传部署工作。为确保项目顺利进行，项目组加强对项目范围变更的控制与管理，建立完善的变更审批流程与沟通机制，确保项目按预定时间节点和质量标准顺利完成。

项目一　项目范围的认定与调整

　　项目范围管理对于明确界定项目边界，有效遏制范围蔓延，精确控制项目成本、时间及质量具有至关重要的作用。通过系统地执行高效的范围管理策略，项目团队不仅能够确保项目目标顺利达成，还能显著提高项目的整体成功率。通常，项目范围被广泛理解为项目产出物的总和，但这种理解并不全面。实际上，项目范围应广泛包含所有产出物背后涉及的具体工作内容。换言之，项目范围的真正含义不仅包括项目最终的成果，还包括为实现这些成果所需完成的一系列具体任务。简而言之，确定项目范围的过程实际上就是明确划分哪些内容应纳入项目范畴，哪些内容应排除在外，以确保项目顺利进行和最终的成功交付。

一、项目范围的含义

　　①服务范围：指项目产品或服务所涵盖的性质与规格。
　　②工作范围：指为交付具有特定性质与规格的服务所必须执行的任务。
　　综合前述概念，项目范围的核心意义在于界定所需完成的工作内容及具体执行方式，这一过程对于确保项目成果的顺利交付至关重要。因此，明确项目范围并非一蹴而就，而是基于服务范围的定义，从宏观的一般性描述逐步深入微观的具体细节，经过层层细化而最终形成的。一个完整的项目通常由多个子项目构成，这些子项目虽然在一定程度上可以相对独立运作，但它们之间又存在着紧密的依存关系，共同支撑起整个项目的范围框架。即便项目的最终产出仅为单一的服务或产品，其背后也可能涉及众多复杂的因素和组成部分，每一个组成部分都有其独特的范围界定。换言之，要科学合理地界定项目范围，首先需要全面确定所提供服务应具备的各项功能，明确其具体的规格要求和性能指标，随后在此基础上进一步细化，确定各个组成部分的具体工作任务和工作流程，以确保项目整体的协调性和高效性。

二、项目范围的决定因素

　　在会展项目管理中，项目范围的确定并非一成不变，而是受到多种因素的影响。这些因素不仅决定了项目的初始范围，还可能在项目执行过程中引发范围调整。以下是四个主要的决定因素。

1. 市场竞争

在当今激烈的市场竞争环境中，会展项目为了脱颖而出并获得成功，往往需要不断向客户提供更多的服务和价值。这种竞争压力可能导致项目范围不断扩展。例如，为了吸引更多的参展商和观众，会展项目可能需要增加更多的互动环节、高端论坛、配套活动等。这些新增内容虽然能够提升项目的吸引力和竞争力，但也可能导致项目范围扩大，进而增加项目成本和管理复杂度。因此，项目团队需要在竞争压力和项目范围之间找到平衡，确保项目的可行性和盈利能力。

2. 商业模式

不同的商业模式会对项目范围产生显著影响。商业模式决定了项目如何创造价值、传递价值和获取价值。例如，一个以广告收入为主的会展项目，可能需要更多的媒体曝光和赞助商活动来吸引广告商；而一个以门票收入为主的会展项目，则可能更注重观众体验和参与度，从而增加更多的互动环节和娱乐活动。不同的商业模式不仅影响项目的内容和形式，还决定了项目团队需要完成的工作量和工作性质。

3. 投资效益

任何项目都需要考虑投资效益，即投入与产出的平衡。在确定项目范围时，项目团队必须评估每一项新增内容的投资效益。如果增加工作范围的投入大于产出，那么这种扩展就不可取。例如，增加一个高端论坛可能需要额外的场地租赁、嘉宾邀请和宣传费用，但如果这些投入不能带来足够的收益（如门票销售增加、赞助商增加等），那么这种扩展就可能对项目的整体效益产生负面影响。因此，项目团队需要在项目规划阶段进行详细的成本效益分析，确保每一项新增内容都能带来合理的回报。

4. 操作风险

操作风险是影响项目范围取舍的一个重要因素。项目团队需要评估每一项新增内容可能带来的操作风险，包括技术风险、时间风险、人员风险等。例如，增加线上展览功能可能带来技术开发和系统维护的风险；增加新的互动环节可能需要更多的人力和时间来组织和管理。如果这些风险超出了项目团队的管理能力或资源范围，那么在项目范围的取舍上就需要更加谨慎。项目团队需要在项目规划阶段进行风险评估，制定相应的风险应对措施，确保项目范围的调整不会对项目的整体目标产生负面影响。

三、范围管理的内容

1. 确定项目需求

项目范围管理的主要形式之一就是确定项目的需求。一般情况下，项目的需求包括客户需求、市场需求、技术进步需求、商业需求、法律需求等。

2. 定义项目范围

定义项目范围是指对项目目标和可交付成果的约束条件、性能指标、管理策略以及工作原则等进行定义和规划。

3. 审核项目范围

项目的移交或验收就是对项目范围的核实，项目经理或项目管理人员一般会通过对项目进行检查来核实项目范围，评估其是否与项目团队的能力相匹配。

4. 控制范围变更

项目干系人（项目提出方、项目承接方、项目使用方等）在项目实施的过程中会因为各种原因和要求对项目范围进行修改，甚至重新规划，这就会产生项目范围的变更。因此，设置项目范围时需要确立变更范围的原则，设定控制手段和程序。

5. 确认范围内容

确认项目范围是指项目干系人对于项目范围的正式认可和接受的工作过程。要明确所有与项目有关的工作都包括在项目范围内，并且与项目无关的工作未包括在项目范围内，不仅要确认项目的整体范围，还要确认分解后的子工作范围。项目范围定义的结果包括项目章程、项目合同、项目范围管理计划、详细的项目范围说明书、项目技术设计文件和其他各种在项目验证时所需的项目文件。

项目二 项目范围管理工具箱

项目范围管理如同为项目绘制精确的地图，清晰界定项目的边界与内容，确保项目沿着正确方向推进。为了更全面、精准地界定会展项目范围，需要依据物理维度、内容维度和价值维度来构建范围管理的框架。

一、物理维度

物理维度主要从空间、时间和资源等实际物理条件方面对会展项目范围进行限定，这是项目得以落地实施的基础。

1. 场地边界

展馆面积和功能区划分是场地边界的重要体现。明确展馆的可用面积，例如主展区面积规定为不超过8000平方米，这就限制了展品展示的空间规模。合理的功能区划分同样关键，不同功能区承担着不同的职责，如展示区用于陈列展品，洽谈区为参展商和采购商提供商务交流空间，休息区供观众和工作人员休憩。精确的功能区划分能够提高场地的使用效率，保障会展活动有序开展。在实际规划时，要根据展品特点、预计人流量等因素进行科学布局，避免空间浪费或功能冲突。

2. 时间边界

会展项目的时间边界涵盖布展期、展期和撤展期。以三天展期为例，布展期通常设定在开展前7天（D-7）至开展前1天（D-1），这段时间内工作人员要完成展位搭建、展品布置、设备调试等工作。展期从开展当天（D1）至第三天（D3），是会展正式面向观众开放、展示成果的阶段，这期间各项展览和活动密集进行。撤展期安排在展期结束后的第一天（D4），用于拆除展位、清理场地和搬运展品。明确的时间边界有助于合理安排项目进度，确保各阶段工作按时完成，避免因时间安排不当导致项目延误或混乱。

3. 资源边界

资源边界主要涉及项目的最大承载量，以日均观众人数不超过2万人次为例。这一指标直接影响到场地设施的配备、服务人员的数量以及安全保障措施的制定。若预计观众人数接近或达到最大承载量，就需要增加更多的引导标识、安保人员和卫生设施，以确保观众的参观体验和活动安全。同时，资源边界也会影响项目的运营成本，在项目策划阶段，要根据资源边界合理规划资源配置，避免资源闲置或过度紧张。

二、内容维度

内容维度聚焦于会展项目的核心展品、配套活动和服务标准，是决定项目质量和吸引力的关键因素。

1. 核心展品清单

核心展品是会展的核心竞争力所在。在确定核心展品清单时，要充分考虑展品的代表性、独特性和吸引力，确保展品能够满足观众的期待，展示出项目的专业性和创新性。同时，要对展品的来源、运输、保管等环节进行详细规划，确保展品在会展期间能够安全、完好地呈现给观众。

2. 配套活动矩阵

合理的配套活动矩阵能够丰富会展的内容，提升观众的参与度和体验感。通常会设置论坛、展演、体验活动等满足不同观众的需求。论坛为专业人士提供了交流和学习的平台，展演展示活动增添了现场的文化氛围，体验活动则让观众能够亲身体验相关产品或服务。在策划配套活动时，要注意活动之间的协调性和连贯性，避免活动时间冲突或内容重复，确保活动能够与核心展品相互补充，共同打造丰富多样的会展体验。

3. 服务标准

优质的服务是提升会展项目满意度的重要保障。通常，根据服务效率的要求规定参展商咨询响应时间。在项目实施过程中，要建立完善的服务体系，培训专业的服务人员，确保能够及时、准确地回应参展商和观众的咨询和需求。服务标准包括展位搭建质量、餐饮服务水平、交通引导等多个方面，明确的服务标准能够规范服务行为，提高服务质量，树立良好的会展形象。

三、价值维度

价值维度关注会展项目在文化传播、经济效益和社会影响等方面的目标设定，反映了项目的综合价值和意义。

1. 文化传播指标

文化传播是许多会展项目的重要使命之一。例如设定媒体报道量不少于10篇的指标，有助于扩大项目的影响力，提升项目的文化传播效果。为了实现这一目标，项目团队需要制定有效的媒体推广策略，提前与媒体建立良好的合作关系，及时提供有新闻价值的信息和素材。在会展期间，安排专人负责媒体接待和新闻发布工作，确保媒体能够全面、准确地报道会展的亮点和成果，促进文化的传播和交流。

2. 经济效益指标

经济效益是衡量会展项目成功与否的重要指标之一。假设意向成交额不少于××元的目标，为了达成这一目标，需要在项目策划阶段加强招商工作，吸引优质的参展商和采购商参与。在会展期间，搭建高效的商务洽谈平台，提供专业的商务服务，促进参展商和采购商之间的合作与交易。同时，要合理规划项目的成本和收益，通过门票销售、展位租赁、广告赞助等多种方式增加收入，确保项目在经济上的可持续发展。

3. 社会影响指标

社会影响指标反映了会展项目对社会公众的影响程度。例如设置公众参与度不低于8.5分（满分10分），就要求项目要通过多样化的宣传推广手段，提高项目的知名度和吸引力，鼓励更多公众参与到会展活动中来。在项目实施过程中，关注公众的反馈和意见，及时调整和改进项目内容和服务，以提升公众的满意度和参与度，为社会创造积极的影响。

基于这三个维度来构建范围管理的框架。在此框架下，可以运用以下几种方法来输出项目范围管理的结果。

（1）范围说明书（Scope Statement）

范围说明书是项目管理和执行过程中至关重要的纲领性文件，其主要功能在于明确和界定项目工作的具体范围。为了确保项目范围的清晰和全面，范围说明书的内容通常需要涵盖"5W2H"七大核心要素。

首先是项目背景（Why），详细阐述项目启动的缘由和目的，解释为何需要进行该项目；其次是交付成果（What），具体描述项目完成后需要交付的各项成果和产出；再次是验收标准（How），明确项目成果的验收标准和评估方法，确保交付物符合预期要求；然后是空间边界（Where），界定项目实施的地域范围和物理空间限制；接着是时间框架（When），设定项目的起始和结束时间，明确各阶段的时间节点；此外还包括干系人清单（Who），列出项目涉及的所有关键干系人及其角色和职责；最后是预算约束（How much），详细说明项目的预算限制和资金分配情况。

在编制范围说明书时，应注重采用"正向描述+反向排除"的双向界定法。正向描述是指明确列出项目需要包含的所有工作内容和任务，确保各项任务清晰明了；反向排除则是明确指出哪些内容不属于项目范围，避免在实际执行过程中出现范围蔓延或混淆。这种双向界定法可以更有效地确保项目范围的准确性和可控性，为项目的顺利实施奠定坚实基础。

（2）工作分解结构（WBS）

工作分解结构（WBS）是一种将复杂的会展项目逐步细化为可操作单元的有效工具。通过分层细化，项目从战略层面、战术层面直至操作层面被拆解为具体任务，从而便于项目的管理和执行。最终，借助相关软件，可以制作出直观明了的结构图，以协助项目团队更深入地理解项目的整体架构和任务分配。

在战略层面的分解中，项目生命周期被划分为若干阶段，包括策划期、招商期、布展期、开展期和撤展期。策划期涉及市场调研、确定展会主题与定位、制订初步项目计划；招商期则集中于吸引参展商和赞助商，签订合作协议；布展期负责展位搭建、展品布置及设备调试等工作；开展期主要进行展会现场管理和服务工作，确保展会顺利进行；撤展期则完成展位拆除、展品回收及场地清理等任务。每个阶段均设有明确的目标和任务，为项目的顺利推进提供宏观指导框架。

战术层面的拆解涉及将会展项目细分为多个工作包，例如展区规划、宣传推广、安保服务、餐饮服务、观众组织等。展区规划工作包需根据展会主题和展品类型合理划分展区，设计展位布局，制定展位租赁政策等。宣传推广工作包则包括制定宣传策略、选择宣传渠道、制作宣传资料等任务。每个工作包均具有相对独立的工作内容和负责人，便于进行专项管理和资源分配。

在操作层面的细化中，工作包进一步被拆解为具体任务。例如，展区布置工作包可细化为展台搭建、灯光调试、安全检测等具体任务。展台搭建任务又可细分为材料采购、搭建施工、外观装饰等更具体的子任务。通过操作层面的细化，项目团队成员能够清晰地了解自己的具体工作职责和任务要求，从而提高工作效率和质量。

拓展阅读：
WBS的多样呈现

（3）活动清单（Activity List）

活动清单详细列出了会展项目中的各项活动细节，涵盖了从时间维度到资源维度的全方位规划，以确保项目活动的顺畅进行。首先，在时间维度的规划上，必须清晰地界定各项活动之间的逻辑关系，并精确标注活动间的相互依赖性。例如，展位搭建活动必须优先于展品运输活动，因为只有在展位搭建完毕后，展品才能被妥善地布置；而开幕式活动的安排则应在大部分展位布置完成且展品全部就绪之后进行。通过这种明确的逻辑关系标注，项目团队能够科学合理地安排各项活动的先后顺序，有效避免活动之间的冲突和时间的延误，确保整个会展项目的进度有条不紊。

　　其次，在资源维度的配置上，需要细致地规划各活动所需的人力资源、设备资源等的种类及数量。对于展位搭建活动，必须确定所需搭建工人的具体数量、各类搭建工具及设备的种类和数量，以确保搭建工作的高效进行；对于宣传推广活动，则可能需要配备专业的渠道推广人员、先进的制作设备以及充足的宣传材料等。对各类资源的精准配置，能够确保每一项活动都有充足的资源支持，从而保障会展项目的顺利进行。这种多维度的周密规划，不仅提升了项目执行的效率，也为会展的成功举办奠定了坚实的基础。

● ● ●　　　　　　　　　　　　　思考题　　　　　　　　　　　　　● ● ●

1. 如何用"5W2H"编制项目范围说明书？

2. 如果你是项目经理，应建立怎样的变更控制流程来预防项目实施过程中项目范围的拓展？

模块四　进度管理

导入案例

从"展期大逃亡"到"进度零偏差"的逆袭之路

2023年，某智能装备博览会至关重要的布展阶段，一系列棘手的问题如同"炸弹"般接连引爆。先是核心展商某工业机器人厂商的展品因海运延误，抵港时间推迟了12天，这意味着其展位无法按时布置。与此同时，数字孪生展区与主舞台搭建团队为了高空作业车争得不可开交，单日工时损失高达36%，施工进度严重受阻。更糟糕的是，台风来袭，让户外展区基础施工停滞了72小时，原本就紧张的工期变得更加捉襟见肘。该项目本应是一场汇聚全球智能制造前沿成果的盛会，预计吸引全球500余家智能制造企业参展，承载着众多参展商和行业人士的期待，却因上述问题陷入混乱无序的状态。

距离开幕仅剩30天时，整体进度滞后了23%。施工方甚至单方面宣布无法按期交付，要求延期两周开幕。参展商们得知这一消息后纷纷联合投诉，甚至威胁要集体退展。在这千钧一发之际，项目经理果断启动了进度管控机制。首先，他将原本的关键路径巧妙地拆分成三条并行路径，让各项任务的推进更加灵活高效。同时，实施"时间箱"管理，把剩余工期精确划分为48个2小时管控单元，对每一个时间段的工作都严格把控。另外，组织跨部门头脑风暴进行根因分析，发现症结在于缺乏统一的吊装设备调度系统，导致设备调度失衡、资源计划失真。找到了问题的关键所在，为后续解决问题指明了方向。此外，建立"进度作战室"，实时监控268个进度控制点，让整个项目团队对项目进度了如指掌，一旦出现偏差，能迅速做出调整。最终，在项目经理和全体团队成员的共同努力下，这场逆袭取得了惊人的成果。在开幕前6小时，所有布展任务顺利完成，该国际智能装备博览会成功开幕。

项目进度的推进与控制

项目进度管理涉及项目开始到结束的整个时间框架内的计划、执行、监控和调整，旨在根据具体的项目目标，编制经济合理的时间进度计划，并据此检查项目进度计划的执行情况。进度管理的目标是确保项目能够高效、准时地完成。通过进度管理，项目团队可以检视项目的实际执行情况与项目计划的一致性，分析不一致的原因，并采取必要的调整或修正措施。

一、项目进度管理的核心要素

项目进度管理的核心内容主要涵盖两个方面：进度计划的制订与进度控制。进度计划的制订涉及活动内容的确定（明确所需完成的具体活动）、活动顺序的安排（确立各项活动之间的依赖性）以及活动持续时间的评估（对各项活动所需时间进行预估）。进度控制则包括进度的监控（通过周期性或非周期性的会议、报告等手段监控项目的实际进度）、进度的比较与评估（将实际进度与计划进度进行对比，以判断是否存在偏差）以及计划的调整（一旦发现偏差，立即采取相应措施进行调整）。

二、项目进度管理的主要内容

在筹备阶段的进度管理过程中，首先需要全面而细致地制定会展项目进度管理的具体细则，确保每一个环节都有明确的指导和规范。接着，要精心拟定并严格审定程序，确立会展的总体进度计划以及详尽的日程安排，确保各项活动有序进行。此外，还需对各部门提交的实施进度计划进行细致审查，确保其与总体计划相协调。同时，为了更好地掌控项目进度，还需编制年度、季度以及月度的工作计划，以便于分阶段、分层次地进行进度管理。

进入执行阶段后，进度管理的工作重心转向对各部门工作进展情况的实时监控。为此，需要定期收集各部门提交的工作进展报告，通过这些报告了解各部门的实际工作情况。同时，通过定期或不定期的会议形式，对工作计划的执行情况进行全面检查，及时发现潜在问题。一旦发现实际进度与既定目标之间存在偏差，必须立即采取有效措施进行调整，确保项目能够按计划顺利推进。

在后续阶段，进度管理的重点则转向对整个会展项目的及时评估与总结。这包括系统地整理与本次会展项目相关的各类资料，如会议记录、进度报告、调整方案等，并进行详细的总结归档工作。这些评估与总结，不仅能够为本次项目的圆满结束提供有力支撑，还能为未来类似项目的进度管理提供宝贵的经验和参考。

三、项目进度管理的注意事项

首先，进度表在会展项目中并非一成不变的静态文件，而是需要依据项目推进过程中的各个关键节点进行动态、实时的调整。尽管如此，项目的起始时间和完成时间必须明确确定，这是保障项目进程稳定性与可控性的基础。明确的起止时间就如同为项目设定了清晰的跑道边界，使项目团队能够围绕其进行有序的规划和执行，避免因时间模糊而导致项目方向混乱、进度失控。在会展项目筹备期间，可能会出现参展商展品运输延迟、场地布置突发问题等情况，需要及时调整各项任务的时间安排，但整个项目的开幕和闭幕时间应尽量保持稳定，以便参展商、观众等相关方做好准备。

其次，进度管理不能孤立进行，应与成本管理、质量管理协同统一考量。从成本角度来看，加快项目进度往往意味着需要投入更多的资金。例如，为了缩短展位搭建时间，可能需要增加施工人员、采用更昂贵的搭建材料或租赁更先进的设备，这些都会导致成本上升。然而，如果加快进度能够使会展项目的产品或服务更快地投入使用，进而提高投资回报速度，那么在合理范围内调整投入是具有可行性的。从质量角度而言，严格的质量把控是会展项目产品或服务成功推向市场的前提条件。若因过度追求进度而忽视质量，可能导致展位搭建不牢固、展品展示效果不佳等问题，影响参展商和观众的体验，损害会展项目的声誉，最终影响项目的经济效益和社会效益。

最后，在综合考量进度、成本和质量的基础上，合理调配项目资源是实现项目进度控制的重要保障。建立专门的进度控制工作部门或指定专人负责，制定进度控制目标，建立项目监理组织以及合理的工作责任制度，并根据资源需求分析实时调整项目进度控制工作。

项目进度表用以描述项目各项活动、彼此间的逻辑关系，以及进度安排和资源配置。制作项目进度表有不同的方法，常用方法有以下几种。

一、关键路径法

关键路径法（CPM）全称为Critical Path Method，是一种高效的网络分析技术，其核心目标是通过深入分析项目过程中各个活动序列的总浮动时间，力求将其最小化，从而精准预测项目的整体工期。该方法巧妙地运用网络图来直观展示各项任务之间复杂的相互依赖关系，精准识别出那些对项目工期起决定性控制作用的关键路径。在既定的工期、成本和资源的多重限制条件下，CPM致力于寻找最为优化的计划安排方案。其根本目的在于有效缩短项目的整体周期，显著提升工作效率，同时最大限度地降低项目成本。CPM不仅仅是一个静态的分析工具，更是一个动态的系统，它会根据项目的实际进展情况，进行持续的更新和调整。该技术采用单一时间估计法，将整个项目细致拆分为若干个独立的子活动，并明确界定每个子活动的具体持续时间。通过严密的逻辑关系，将这些子活动有机串联起来，进而精确计算出项目的总工期以及各个活动的时间特性。确定关键路径是CPM的核心环节，即识别出那些对项目总工期产生决定性影响的活动序列。通过对关键路径上的活动进行严格监控，确保它们能够严格按照既定计划顺利推进，从而保障整个项目的高效完成。

二、甘特图与里程碑

甘特图也被称作条状图或横道图，是一种通过图形化的方式直观展示项目活动顺序及各自持续时间的重要图表工具。在该图表中，横轴用来表示时间维度，详细地标注了项目的起始时间、各个阶段的时长以及预计完成时间；而纵轴则详细列出了项目中的各项具体活动，每一项活动都按照其在项目中的位置和重要性进行排列。图表中的线条是关键元素，它们不仅清晰地标注了各项活动的计划进度，还实时反映了实际完成情况，使得项目管理者能够一目了然地掌握项目的整体进展和各项活动的执行状态。

里程碑在项目管理中扮演着至关重要的角色，它是项目中具有标志性意义的关键事件。这些里程碑事件不仅对项目的整体进展产生深远的影响，还往往是项目成功与否的重要评判标准。里程碑事件通常以其起始或终结时刻为基准点，这些基准点在甘特图的绘制过程中起到了重要的指导作用。通过在图表中明确标注这些里程碑事件，项目团队可以更加清晰地了解项目的关键节点，合理规划资源分配，确保项目按计划顺利推进。里程碑的设置不仅有助于提升团队的工作效率，还能有效降低项目风险，确保项目目标的最终实现。

三、关键日期表

关键日期表也被称作进度计划表，这一表格的设计理念在于追求极致的简洁与清晰。其核心内容是提炼项目或任务中的关键性活动，并以条理分明的形式逐一罗列，同时精准标注出每项活动所对应的特定日期。这样的编排方式，使得使用者能够一目了然地掌握整个项目或任务的时间节点与进度安排，极大地提升了工作效率和计划执行的准确性。

通常可以根据项目规模、项目的难易程度、项目的时效性来选择采用何种方法进行进度管理。小项目一般可以采用简单的关键日期表方法，大项目因为其复杂性可考虑使用甘特图或者CPM方法。困难小的项目可以用简单的关键日期表方法，困难较大的项目用甘特图或CPM方法更合适。时间紧迫的项目可能没有时间使用CPM的方法规划项目进度，尤其是在项目开始阶段，这种情况下使用关键日期表更加合适。

拓展阅读：
▶ 项目进度表的 ◀
多样呈现

思考题

1. **请介绍几种制订项目进度表的方法，并阐述它们各自的特点。**

2. **当关键路径任务出现延误时，如何通过时间再分配追赶进度？**

模块五　成本管理

导入案例

精准滴灌的电竞嘉年华

在粤港澳大湾区电竞嘉年华赛事的筹办阶段，由于前期规划不足，首先，在施工过程中频繁变更设计方案，导致材料浪费和额外的人工成本增加。其次，直播版权采购也陷入困境，多头谈判使得版权价格不断攀升，技术成本增加了240%。再次，20%的周边商品因仓储调度失误产生折损，不仅造成了直接的经济损失，还影响了周边商品的供应和销售。此外，临时增设的AR互动区虽为展会增添了科技亮点，但也导致电力改造费用激增，进一步加重了成本负担。最终其预算从原本的620万元一路飙升至1100万元，超支幅度高达77%，突破预算警戒线。与此同时，在项目的核心团队内部，市场部认为应追加投入以挽回局面，提升项目的吸引力；而财务部则主张砍掉60%的内容，以控制成本，双方产生了严重的分歧。

经过头脑风暴和深入思考，项目经理带领团队对项目成本结构进行了重构。重新梳理了项目的成本构成，将直接成本的占比从65%提高到82%，间接成本占比从35%降至18%。例如，在舞台工程方面，采用模块化租赁方案，通过批量租赁和标准化搭建，降低成本38%；针对数字资产，建立跨项目版权共享池，整合内部资源，减少版权采购的重复支出。在间接成本方面，物流仓储启用AI调度系统，减少了20%的周转时间，提高了仓储效率，降低了物流成本；引入动态保费计算模型来管理风险储备金，根据项目的实际风险状况灵活调整保费，确保风险应对的同时优化成本支出。基于此，团队还启动了纠偏机制，优化与供应商的租赁条款，合理规划运输路径，并启动备用供应商竞标成功压价。经过团队的不懈努力，项目成功实现逆袭。总成本得到合理控制，有效缓解了资金压力。并且通过向赞助商提供成本透明化报告，详细解释成本构成和控制措施，成功挽回了87%的赞助商信任度，确保了项目后续资金的稳定投入。

项目成本的测算与管理

一、项目成本管理的含义

项目成本管理是指在会展项目从启动到结束的整个生命周期过程中，对项目所涉及的各种成本要素进行全面细致的计划、严格的控制、准确的核算以及深入的分析等一系列管理活动。这一管理活动的核心目标在于，确保项目能够在预先设定的预算框架内顺利推进并最终完成，同时在此基础上，最大限度地提升项目的经济效益，实现资源的最优配置和利用。会展项目的成本管理不仅仅局限于某一个环节，而是涵盖了项目成本的初期规划、详细预算编制、执行过程中的动态控制、事后的精确核算以及基于数据的综合分析等多个重要环节，构成一个相互关联、环环相扣的系统性管理过程。实施有效的成本管理策略，不仅能够显著降低项目在实施过程中可能遇到的各种财务风险，还能有效提升项目的整体效益，确保项目目标顺利实现。

二、项目成本管理的原则

为了实现成本的有效管控，达成项目的经济效益目标，需要遵循一系列科学合理的原则以支撑整个成本管理体系的稳定运行。

1. 全面性原则

全面性原则是项目成本管理的核心要求，它强调必须从全方位和全流程的视角进行成本管理。在项目的策划、筹备、执行直至收尾的各个阶段，以及在人力资源、物质资源和财务资源的投入，直至项目成果交付的各个层面，均需将成本管理纳入考量范围。会展项目初期策划阶段的市场调研、方案设计费用，筹备阶段的场地租赁、设备采购、人员招聘费用，执行阶段的现场运营、宣传推广费用，收尾阶段的撤展、结算费用等，均需进行周密的评估。同时，对于项目中涉及的不同资源类型和工作环节，例如展位搭建、展品运输、活动组织等，也必须确保所有潜在成本得到准确的识别和妥善的规划，以防止因疏漏而导致成本失控。

2. 合理性原则

合理性原则要求成本管理活动与市场规律保持紧密的一致性。在项目启动之前，必须运用科学的方法和丰富的经验，对项目所需各项成本进行精确预测。这不仅需要考虑当前市场价格水平，还应关注市场动态及趋势变化。以音响设备采购为例，必须全面调研不同品牌、型号设备的市场价格，分析其性能与价格的性价比关系，结合项目实际需求，选择适宜的设备，以避免无端追求高端设备导致成本不必要地增加，或因过分追求低价而采购到质量低劣的设备，影响项目成果。

3. 动态性原则

项目的执行过程具有变化性，因此成本管理亦需具备相应的灵活性。该原则强调成本管理应依据项目实际进展作出适时的调整。在项目推进过程中，诸多不确定性因素，例如原材料价格的波动、政策法规的变动、项目范围的调整等，均可能引起项目成本的变动。在会展项目施工中，若原材料价格出现突发性上涨，必须及时调整成本预算，考虑寻找替代材料或与供应商重新进行价格协商；若项目范围因客户需求的变更而调整，亦需对成本计划作出相应的调整，以确保成本管理与项目执行过程同步进行，有效应对各种可能出现的变化。

4. 责任制原则

确立各层级管理人员在成本管理方面的职责与权力，有助于将成本管理任务具体化至各个岗位及个人。项目经理作为项目成本管理的主要负责人，承担着制定总体成本目标及监督其执行的职责；而各部门主管则需对本部门的成本开支负全责，例如采购部门主管需控制采购成本，人力资源部门主管需管理人力成本等。通过构建明确的责任体系，一旦成本问题浮现，即可迅速定位到相关责任人，并及时实施纠正措施。此外，此举亦能促进各级管理人员主动参与成本管理，从而提升成本管理的效率与成效。

三、项目成本管理的流程

首先，在深入分析和细化工作分解结构（WBS）的基础上，全面梳理和明确项目所需使用的各类有形和无形资源，包括但不限于人力资源、设备设施、原材料及其他相关物资等，进而形成一份详尽且系统的项目资源计划清单。该清单不仅需要明确列出各类资源的具体名称和规格，还需详细规划并决定在项目的每一个具体工作实施过程中，究竟需要使用什么样的资源，以及每种资源的具体用量和投入时间节点。通过这种细致入微的规划，确保项目资源的合理配置和高效利用。

继而在资源计划清单的基础上，对完成整个项目所需资源的总成本进行科学、合理的估算。这一估算过程不仅要考虑各类资源的直接成本，还需综合考虑可能产生的间接成本和其他相关费用。估算结果应当全面且翔实，除了包含项目总成本的具体数额外，还应附上相关支持细节文件，如成本估算的基本规则和原则、估算过程中所依据的各项假设条件、项目的详细描述范围说明书等，以便为后续的项目决策和管理提供有力支撑。

最后在项目成本估算结果的基础上，进一步将总成本科学地分摊到项目的各项具体活动和各个不同的项目阶段上。这一分摊过程需充分考虑各项活动和各个阶段的实际需求和资源消耗情况，确保成本分配的合理性和公平性，从而为项目的顺利推进和成本控制奠定坚实基础。通过这种精细化的成本管理，有效提升项目整体的资源利用效率和经济效益。

四、会展项目的主要成本要素

项目成本是项目形成过程中所耗费的各种费用的总和。一个项目的总成本是由多个方面构成的，一般根据发生阶段和用途的不同，项目成本主要由以下几个部分构成。

项目决策成本：为确保项目决策的科学性，必须进行深入的市场调研，搜集并掌握准确的资料，并对项目进行可行性分析。完成这些活动所耗费的资源即构成了项目的决策成本。

项目设计成本：项目在通过可行性研究后，需进行详细设计工作。为实现设计目标所投入的资源即构成了项目的设计成本。

项目获取成本：鉴于项目存在竞争性，项目组织必须执行询价、供应商选择、广告宣传、招投标以及承发包等流程，这些流程所涉及的费用即为项目的获取成本。

项目实施成本：在项目实施阶段，为完成项目目标而消耗的各种资源所形成的成本即为项目的实施成本。这包括人工费用、材料费用、设备费用、管理费用以及其他相关费用。

成本管理主要涵盖两种管理方式：一种是行为管理，即通过制定约束与激励机制来规范项目成本管理行为，包括建立评审机构与流程、定期检查并适时纠正偏差；另一种是指标控制，即设定项目成本目标与月度成本目标，搜集成本数据，分析偏差原因，并据此制定相应对策。前者构成了成本全程控制的基础，而后者则是成本过程控制的核心。这两个方式既彼此独立又相互关联，既相互支持又相互制衡。

项目二 成本管理工具箱

项目成本管理旨在确保项目成本维持在既定目标范围内，涉及预测、规划、控制、调整、核算、分析及考核等一系列管理活动。

一、成本计划的编制

编制资源计划：即根据工作分解结构列出所有需要使用的有形和无形的资源，包括人力资源、设备硬件、工作软件、零部件、原材料、工作场地、通信线路及宽带等，最后形成一个项目资源计划清单。

进行成本估算：最简单的办法就是把资源计划清单上列出的所有资源都乘以各自的单位价格，然后汇总为整个项目的成本估算总值。

编制成本预算：即在成本估算的基础上，把成本金额按照工作分解结构的工作清单和工期安排分配到各项工作任务上去。

二、成本预算的编制

自上而下法：是指收集高层和中层管理人员的判断和经验，以及以往类似活动的记录数据。这些成本测算信息被传达给低层管理人员，并由他们继续将预算细分下去，为组成子项目的每一项任务和工作包估计预算。这一过程持续进行，直至到达最底层。

自下而上法：根据工作分解结构构建，预算制定人员向从事具体工作的人员就工作任务的时间和预算征询意见，以保证预算工作达到最高的精确度。

三、挣值分析法

挣值分析法是一种广泛应用于项目成本管理的有效工具，能精准监控项目成本的执行情况，助力项目达成目标。核心在于以货币量替代实物量来衡量项目进度，依据投入资金转化为项目成果的量进行考量，这是一套完整且行之有效的项目成本监控方法。

在项目推进过程中，需要密切检查项目成本实际执行状况，确保潜在的成本超支不突破授权的项目阶段资金与总体资金额度。一旦发现实际成本与计划成本存在偏差，要迅速确定并采取有效的纠正措施。当项目发生变更时，需妥善管理这些实际变更，将所有正确、合理且已核准的变更纳入项目成本基准计划，同时及时将变更后的项目成本计划告知项目干系人，使其了解项目成本动态。此外，尽早查明成本偏差的原因并及时纠正，对项目成本控制至关重要。在这个过程中需要关注以下三个要素。

PV（Planned Value）：计划价值，指完成计划工作量的预算值，体现了按照计划在特定时间点应完成工作的预算金额。

AC（Actual Cost）：实际成本，即完成工作的实际支出成本，反映了项目在执行过程中实际花费的资金数额。

EV（Earned Value）：挣值，是实际完成工作量的预算值，代表了实际完成工作所对应的预算金额。

SPI = EV / PV：工期绩效指数等于挣值除以计划价值。

CPI = EV / AC：成本绩效指数等于挣值除以实际成本。

当SPI大于1时，表明项目实际进度快于计划进度；等于1时，表明实际进度与计划进度相符；小于1时，则意味着实际进度滞后。

当CPI大于1时，说明项目成本支出低于预算，资金使用效益较好；等于1时，说明成本支出与预算一致；小于1时表示成本超支，资金使用效率较低。

挣值分析法凭借对项目成本和进度的量化分析，为项目管理者提供了清晰的决策依据，有助于及时调整项目策略，保障项目顺利推进。

微视频：
如何管理
项目中的资源

思考题

1. 通常会展项目的成本源自哪些方面?

2. 假如你负责一个文化艺术展览项目，在成本超支时如何重构成本结构进行纠偏呢?

模块六 质量管理

导入案例

智慧城市博览会的质量管控之旅

某智慧城市博览会的主办方投入了大量资金，致力于打造一个能够展示未来城市发展方向的"未来城市样板间"，为全球城市发展提供新思路和新方案。然而，在开幕前突然发现32%的展品存在兼容性故障。这意味着大量展示未来城市智能生活的核心设备无法正常协同工作，如智能交通系统与智能安防系统之间的信息交互出现障碍，智能家居设备的远程控制失灵等，严重影响了展品的展示效果和观众的体验。空气质量监测数据与市政系统偏差达64%，这不仅让展示的城市环境监测成果失去可信度，也对基于这些数据进行的环保技术展示和讨论造成了负面影响。另外在场馆搭建时，又出现了设备短路引发局部停电的状况，导致展馆不得不紧急闭馆3小时进行处理。

面对一系列的问题，主办方首先运用质量功能展开（QFD）进行重构。深入倾听客户呼声，发现"展品稳定性＞炫技效果"以及"安全预警响应＜3分钟"是最为关键的诉求。基于此，将这些客户需求转化为具体的技术特性。建立双回路供电系统，以确保设备供电的稳定性，降低因电力问题导致的故障风险；部署5G定位的应急管理系统，实现对人员和设备的实时监控与精准定位，提升安全预警响应速度。其次，引入质量管理流程。明确关键质量指标，锁定核心问题，解决故障。并建立实时质量监控系统，实现对展会质量的实时监控和快速响应。最终，经过一系列的努力，主办方成功完成展会任务，智能设备展品兼容性故障大幅减少，空气质量监测数据准确性大幅提高，在社交媒体上也收获了很多正面报道。

项目一 **项目质量的监管与评价**

质量乃精神与物质产品之根本，对于会展项目管理亦是至关重要的。党的二十大报告明确指出，中国式现代化的本质要求是"实现高质量发展"，"创造人类文明新形态"。通常而言，狭义的质量特指产品的质量，而广义的质量则涵盖了产品、过程及工程质量。因此，质量可定义为产品、过程或服务满足既定要求的品质水平，这些要求既包括明确的需求，也包括隐含的需求。明确的需求通常在合同中被用户明确提出，并通过合同、标准、规范、图纸和技术文件等作出明确规定；而隐含的需求则需要通过识别和确认来加以明确。具体而言，这些需求反映了用户的期望，即那些被普遍认同且不言自明的需求，它们随着时间和环境的变化而不断演进。

一、项目质量的含义

国际标准化组织将质量界定为一个实体满足既定及潜在需求的能力的综合体现，或者一系列固有特性与要求的符合程度。质量管理涉及对确保和实现质量标准所必需的所有职能和活动的管理，这包括制定质量方针，以及在所有产品、过程或服务方面实施质量保证和质量控制。质量管理的实质在于确保项目执行过程及产品满足预先设定的详细要求。

质量管理体系涵盖质量控制与质量保证两个核心环节。质量控制涉及一系列技术和活动，包括专业技术和管理技术两个维度，贯穿于产品全生命周期的各个阶段。其主要任务是对影响工作质量的五大要素——人员、设备、材料、方法和环境进行系统性监控。通过持续监控质量活动的有效性，并对其成效进行验证，及时发现潜在问题并采取相应措施，以最大限度地减少损失。因此，质量控制应当遵循预防为主、检验为辅的综合原则。质量保证则致力于向客户承诺，确保交付的产品能够达到高标准的质量要求。这不仅有助于企业树立质量信誉，而且显著提升了企业内部的质量管理效能。

二、全过程质量管理

项目的质量管理是一项系统性工程，其核心内容涵盖质量计划、质量审计以及质量控制等关键环节。

第一，需制订项目的质量计划，即明确项目的范围、中间产品及最终产品。随后，需明确关于中间产品和最终产品的相关规范和标准，确定可能影响产品质量的技术关键点，并识别出确保高效满足这些规范和标准的过程方法。项目质量计划是质量策划的成果之一，它通过输入工具、技术和输出描述来规定项目相关的质量标准如何满足既定标准，以及由谁、何时、应使用哪些程序和相关资源满足既定标准。

第二，通过实施质量审计或审核来确保质量控制的实现。质量审计是对特定质量管理活动的系统性评估，旨在识别可借鉴的经验教训。该审计过程不仅针对特定的质量活动，而且通过系统性评估，有助于提炼出可供学习的经验，并促进当前及未来项目绩效的提升。质量审计可以是计划性的，亦可随机开展，关键在于必须具备可量化的评价标准，并在整个项目周期内进行应用与分析。

拓展阅读：
项目质量
控制的多样呈现

第三，项目质量控制涉及对项目质量执行情况的监督与管理。虽然质量控制的主要目标之一是提升质量，但其核心输出包括接受决策、返工以及过程调整。接受决策旨在判定项目中的产品和服务是否达到可接受的标准。若判定为接受，则意味着这些产品和服务已通过审查，成为可交付的成果；若判定为拒绝，则必须返工。返工是指采取必要措施，以确保不合格的项目能够满足产品要求、规格或利益相关者的期望。过程调整则基于质量控制过程中所进行的测量、纠正措施以及预防措施，以防止质量问题的进一步发生。

三、质量改进管理

随着全球化的深入发展和传播媒介的多样化，消费者的需求日益增长。若想在行业中立足，以合理的价格迅速生产出高质量的产品已成为必要条件。质量管理的品质至关重要，这不仅涉及项目领导者的素质，还包括执行人员的专业水平。归根结底，人是项目过程的核心，质量的形成受到所有参与项目的利益相关者的影响。因此，必须提升项目干系人的质量意识，并提高他们的质量素质。

在制订质量改进计划时，必须对项目最终质量与投入成本进行审慎权衡，即质量与成本之间存在对应关系。当产品交付满足需求且适宜使用时，所产生的成本即为一致性成本。此外，项目发起人、项目团队、客户、用户、供应商、监管机构等所有项目干系人对项目的各个方面持有不同的期望。这些期望部分源自项目干系人所处的特定环境，部分源自其固有的文化认知。因此，理解并管理这些期望对于项目的质量管理至关重要。

项目二　质量管理工具箱

数据构成了质量管理的核心基础，只有依据数据进行分析，才能作出科学的决策。通过运用数据统计方法来搜集和调整质量数据，有助于深入分析并发现潜在的质量问题，从而及时采取相应的措施，以预防和纠正这些问题。

一、质量控制方面

包括制定质量标准、采集数据、分析数据、制定改进措施、实施改进措施和监控效果等步骤。可以使用因果图、流程图、控制图、排列图等判断过程是否在控制内，是否出现了典型偏差，找出影响问题的关键原因，采取纠正措施。

1. 因果图

一种专门用于逐步深入研究和探讨质量问题的图示化工具。这种图形化的表达方式，能够清晰地展示出各种因素之间的因果关系，帮助分析人员系统地识别和分析导致质量问题的根本原因，从而为后续的改进措施提供有力的依据。

2. 流程图

一种直观展示工作流程中各个环节及其相互关系的图形工具。它详细描绘了流程中不同因素之间如何相互作用、相互影响，为项目团队提供了一个全面了解流程运作的视角。借助流程图，项目团队能够有效预测潜在质量问题的发生位置，分析其成因，并制定相应的预防措施和解决方案，从而确保项目顺利进行。

3. 控制图

为了预防缺陷的发生，而不是仅仅停留在检测或杜绝缺陷的层面。通过实时监控生产过程中的关键参数，控制图能够判断一个过程是否处于稳定状态或具备可执行性。它是反映生产程序随时间推移而发生的质量变动情况的图形工具，帮助管理者及时发现异常波动，采取相应措施，确保产品质量的稳定性和一致性。

4. 排列图（帕累托图）

按照事件发生的频率进行排序，直观地展示出由不同原因引起的缺陷数据的分布情况。通过排列图，可以清晰地识别出影响产品或服务质量的主要因素，帮助管理者集中资源和精力解决最关键的问题，从而实现质量改进效果的最大化。

二、质量改进方面

通过系统性地发现问题、深入地分析问题的根源、科学地制订有针对性的改进方案、有序地实施这些改进措施、细致地检查改进后的实际效果，以及全面地总结在整个过程中积累的经验教训等一系列步骤，有条不紊地实现项目的质量改进。这一过程不仅涵盖了问题的识别与解决，还强调了持续优化和经验积累的重要性。

1. PDCA法

该方法通过"计划（Plan）— 执行（Do）— 检查（Check）— 行动（Act）"这一循环往复的过程，持续不断地对项目质量进行改进。首先在计划阶段，明确目标和改进方案；其次在执行阶段，按照计划实施具体措施；接着在检查阶段，评估执行效果，找出偏差；最后在行动阶段，根据检查结果进行调整和优化，从而形成一个闭环的质量改进循环，确保项目质量不断提升。

2. 六西格玛法

该方法通过DMAIC，即定义（Define）、测量（Measure）、分析（Analyze）、改进（Improvel）、控制（Control）这一系统化的步骤，对现有过程进行全面的改进。首先在定义阶段，明确改进目标和范围；其次在测量阶段，收集相关数据，评估当前过程的性能；接着在分析阶段，深入分析数据，找出影响质量的关键因素；然后在改进阶段，制定并实施针对性的改进措施；最后在控制阶段，建立长效机制，确保改进成果得以持续保持。

••• 思考题 •••

1. **请列举几种常见的质量管理方法，并阐述各自的特点。**

2. **假设你负责一场教育科技展会，如何确保展会质量满足参展商和观众对展会的期待呢？**

模块七　组织管理

国际艺术双年展的一波三折

在全球艺术交流日益频繁的当下，国际艺术双年展作为展示当代艺术前沿成果、促进艺术文化交流的关键平台，备受各界关注。2024年某国际艺术双年展计划邀请全球50位知名艺术家参展，展品涵盖绘画、雕塑、装置艺术、新媒体艺术等多元艺术形式。预计吸引超过10万名观众前来参观，项目预算为1500万元，原计划筹备周期为18个月。

然而筹备过程中矛盾频发。在确定展览主题和展品筛选环节，策展团队自认为拥有绝对主导权，而艺术家则坚称自己的作品应被特殊对待，双方僵持不下，致使主题确定比原计划延误了15天，直接导致后续宣传推广工作滞后，初步估算宣传效果折损20%，潜在观众流失约2万人。

各方沟通渠道杂乱无章，缺乏统一的沟通平台。虽然筹备期间平均每周召开8次沟通会议，可问题解决效率极低，许多重要信息在传递过程中出现偏差或遗漏，导致部分工作重复开展。特别是面对场地租赁、宣传推广等关键决策，由于没有明确的决策流程，各项目干系人推诿扯皮。此外，部分国际艺术家团队与本地工作人员存在文化差异，在工作方式和时间观念上冲突不断，进一步阻碍了项目进展。

项目团队深刻意识到问题的严重性后，采取了一系列的整改措施，清晰界定各方在项目中的角色和职责。将项目团队划分为多个小型、自主管理的小组，每个小组都有明确的目标和任务，能够快速响应项目中的变化。搭建统一的线上沟通平台，实时共享项目信息。每天定时召开简短的线上会议，快速解决问题。同时，每周组织一次线下沟通会，进行深度交流和决策。对于重要决策，采用投票表决的方式，确保决策的公正性和高效性。此外，组织跨文化培训，增进团队成员之间的相互理解。经过一系列组织管理优化，国际艺术双年展筹备工作重回正轨，最终按时保质完成。

项目一 项目组织的适配与规制

在项目管理这一复杂体系中，组织管理扮演着至关重要的角色，它是确保项目顺利推进并实现既定目标的核心支撑。它犹如精密仪器中至关重要的核心齿轮，负责协调项目各个组成部分的运作，确保人力资源、物质资源和财务资源得到恰当的配置，从而保障项目的高效运行。

一、项目组织适配的含义

项目组织适配，顾名思义，指的是在项目实施过程中，其组织结构的设计、人员的配置安排、工作流程的设定等关键要素，与项目的既定目标、规模大小、技术层面的具体要求，以及所处的外部环境条件等因素之间，所达到的相互匹配和协调一致的程度。经过精心适配的项目组织，能够充分挖掘和发挥每一位团队成员的潜能和优势，有效提升整体的工作效率和协同作战能力，最大限度地减少资源浪费和冗余环节，从而为项目的顺利推进和如期完成提供强有力的组织保障。

以校园书展项目为例，该项目规模较小，技术难度不高，若盲目采用层级繁多、分工过于细致的组织架构模式，可能会引发一系列问题，如沟通成本的无谓增加、决策过程的冗长低效，这些都将直接或间接地影响到项目的整体进度和执行效果。反之，若项目的组织架构能够做到简洁明了、灵活应变，团队成员的技能特长与所承担的任务能够实现精准对接和高效匹配，那么在面对各种需求变化时，就能迅速做出反应，高效地完成各项任务，确保项目目标的顺利实现。

二、项目组织管理的流程

1. 明确职责划分

为确保项目高效运作，必须明确界定项目中各角色的具体职责及相应权限。各角色的职责范围应详尽记录于岗位说明书内，确保每位团队成员均能清晰了解自身的工作内容及责任界限。此举可有效预防因职责划分模糊所引发的工作推诿与延误，保障各环节有序开展，进而提高整体工作效率。

2. 制定决策流程

依据项目决策的重要性和紧迫性，应制定出科学且合理的决策流程。对于涉及项目预算调整、关键技术方案变更等重大决策事项，必须经过多部门的充分讨论和专家的专业评估，最终由项目负责人或专门的决策委员会审批，以确保决策的科学性和可行性。至于日常的一般性决策，可以适当赋予基层管理者一定的决策权限，减少不必要的审批环节，从而提升决策的效率和响应速度，确保项目团队能够灵活应对各种突发情况。

3. 建立沟通机制

在项目发展的不同阶段，必须依据实际需求确立恰当的沟通机制与频率，以保障信息流通的顺畅性。项目启动之初，应组织项目启动大会，邀请所有项目参与者出席，明确项目的总体目标及各自的职责分工，为沟通奠定坚实基础。当项目进入执行阶段，通过定期举行项目例会、使用即时通信工具进行日常交流，以及利用项目管理软件中的沟通模块共享信息，确保各类信息及时、准确地传达至团队的每一位成员，从而避免信息孤岛现象，提高团队协作的效率。

三、项目组织管理的原则

1. 目标性原则

项目组织的人员配置必须以实现项目目标为核心。根据会展项目总体目标所需完成的工作，合理安排人员。与一般运营组织的人员配置不同，会展项目的人员配置无需考虑组织的长期发展目标，应更多地关注会展项目本身的目标。

2. 精简高效原则

在项目组织人员配置方面，依据先进且合理的定额与定员标准，确定项目组织所需人员配置，以最大程度节约人力资源成本。因此，在会展项目组织中，兼职现象较为常见，以一人一岗为主，多岗为辅。

3. 比例合理原则

在会展项目团队中，各类专业领域的人员比例需妥善安排，这包括专业技术人员与辅助工作人员的比例，管理人员与执行人员之间的比例，以及不同专业或工种人员与不同层级管理人员之间的比例。安排精确的人员配置，旨在避免或减少人员冗余与人力资源短缺的问题。

4. 动态适配原则

在项目执行过程中，可能会遭遇内外部环境的变动，包括项目范围的调整、技术难题的出现以及市场需求的变动等，这要求项目组织必须能够迅速适应并作出相应的动态调整。例如，若项目范围有所扩展，可能需增加人力资源、调整组织结构，并重新界定职责分配；面对技术难题时，则需临时成立技术攻关团队，集中优质资源以解决所面临的问题。

四、项目人员配置方案

1. 制订项目人力资源规划

依据会展项目的目标，通过细致的分析与预测，明确项目所需人力资源的数量与质量要求，并据此制订具体的人力资源安排与计划。首先需根据组织架构进行职位与岗位的分析，明确项目实施与管理团队中特定职位或岗位的职权、任务与责任之间的关系。然后在此基础上，对组织所需各类人力资源的获取及离职时间进行总体的规划与安排。

2. 制订人员配置方案

项目组织通过招聘或其他途径吸纳项目所需的人力资源，并依据这些人力资源的技能、素质、经验和知识进行合理的工作分配和配置，以构建一个成功的项目团队。鉴于项目的独特性和项目团队的临时性，项目组织在人员获取与匹配方面与其他组织存在差异，其特点表现为重复性和阶段性。

3. 制订团队建设方案

包括对项目成员进行系统化的培训，旨在提升其专业技能和团队协作能力；并且通过科学合理的评估标准和激励方法，对团队成员的工作表现进行全面、客观的评价。同时，团队内部的沟通和协调也是方案的重要组成部分，通过建立畅通的沟通渠道和有效的协调机制，促进团队成员之间的信息共享和协同合作，从而全面提升团队的整体凝聚力和战斗力。

项目二 组织管理工具箱

一、人力资源规划表

人力资源规划表的核心目标是，为项目团队提供一个清晰且具体的人员需求和配置方案，以便团队成员能够提前进行人员招聘、系统培训以及合理任务分配的规划工作。这一规划表的制定不仅有助于确保项目在各个阶段拥有充足且合适的人力资源，还能为项目的顺利推进奠定坚实的基础。此外，该规划表对于项目管理者而言，同样具有不可忽视的重要作用。通过这份规划表，项目管理者可以更加有效地对人力资源成本进行全面的控制与管理，从而有效避免因人员配置不当（无论是过剩还是不足）而增加额外成本，或项目进度因此而出现延误的情况。

制定一份科学且实用的人力资源规划表，需要遵循以下步骤和方法。

首先，根据项目的工作分解结构（WBS），明确每个具体工作包所需的人员数量、专业技能需求以及预计的工作时长。例如，在某图书签售项目中，市场营销工作包可能需要三名具有丰富市场销售经验和良好沟通能力的人员负责，预计工作时长为两周；宣传物料设计工作包则可能需要三名具备创意设计能力和相关软件操作技能的设计师完成，工作时长同样预计为两周。随后，将这些详细的人员需求信息进行系统整合，并依据项目的时间进度和任务优先级进行有序排列，最终形成一份完整且具有指导意义的项目人力资源需求总体布局图。这样一份详尽的人力资源规划表，不仅能够为项目团队的日常管理工作提供有力支持，还能为项目的长远发展提供坚实的人力保障。

二、绩效评估

绩效评估指标应与项目既定目标紧密对接，以确保评估内容的全面性和针对性。这些指标不仅应包含对工作成果的衡量标准（如项目任务的完成质量、完成时间及任务达成率等），还应涵盖对工作态度和能力的综合评价，包括团队协作能力、沟通能力、问题解决能力以及创新能力等。以典型的展位销售项目为例，工作成果指标可细化为销售额的具体数值、销售增长率的具体百分比、客户满意度的具体评分等；而工作态度和能力指标则可设定为团队合作精神的具体表现、工作责任心的强弱、市场开拓能力的实际效果等。

在实际操作过程中，绩效评估的方法众多，常见方法包括但不限于360度评估、目标管理法（MBO）、关键绩效指标法（KPI）以及目标与关键结果法（OKR）等。每种方法均具有特定的优势和适用范围。评估的频率应依据项目的具体周期和特性灵活设定。对于周期较短的项目，建议在项目完成后进行一次性的全面评估；对于周期较长的项目，则适宜按照季度或半年的周期进行分阶段评估。通过这种定期的绩效评估机制，团队能够及时发现并识别成员在工作中出现的问题和不足，进而提供具有针对性的反馈和指导，助力成员持续改进和提升工作绩效。同时，绩效评估的结果也为薪酬调整、职位晋升等人力资源管理决策提供了重要的参考依据。

①360度评估法：通过广泛收集来自多个维度的反馈信息，包括但不限于员工的直接上级、并肩作战的同事、所管理的下属，乃至外部合作伙伴和客户等不同角色的意见，从而形成一个全方位、多角度的评估体系。

②目标管理法（MBO）：通过具体明确的目标设定以及详尽的行动计划制订，系统地引导和激励员工朝着既定的目标努力，从而有效推动员工在实际工作中实现预期的成果。

③关键绩效指标法（KPI）：通过精心设定一系列关键绩效指标，对员工的工作表现进行系统化的量化评估。此方式不仅能够确保每位员工的工作目标具体明确，还能使工作表现具备可衡量性。

④目标与关键成果法（OKR）：该方法将明确的目标与具体的关键结果相结合，形成一套系统化的管理工具。它特别强调设定具有挑战性的目标，以激发团队成员的潜能和积极性。同时，OKR注重目标的透明度，确保每个成员都能清晰地了解团队的整体方向和各自的职责。

● ● ●　　　　　　　　　　　思考题　　　　　　　　　　　● ● ●

1. **请阐述几种普遍存在的组织管理方式，并阐释其各自的特点。**

2. **导入案例中的国际艺术双年展组织结构中存在哪些缺陷？这些缺陷如何导致项目推进困难？**

模块八　营销管理

导入案例

成功破圈的艺术博览会

2023年，某国际数字艺术博览会（以下简称"艺术博览会"）在筹备之初，主办方投入了500万元，旨在打造一场以"东方元宇宙艺术展"为主题的顶级艺术盛会。然而开幕首周，线下客流量仅为1.2万人次，不足预期的30%。数字藏品盲盒滞销率达83%，库存积压超过400万元。舆情监测显示，"看不懂""太清高"等负面评价占比达41%。

面对如此严峻的形势，主办方迅速进行问题的分析与整理，发现原本将艺术博览会定位为"顶级藏家私享会"和"全民艺术嘉年华"，这样导致目标受众不清晰，且营销信息混乱。此外，线下地推团队和数字营销部门各自为战，使用两套完全不同的营销话术，导致品牌形象不一致。

主办方迅速调整营销战略，对市场进行细分，将核心客群定位为数字艺术投资人，潜力客群定位为泛艺术爱好者。在目标市场选择上，主攻长三角高净值家庭艺术教育市场。在定位策略上，将艺术博览会重新定位为"东方美学数字化的首席翻译官"。此外，通过AR城市画廊扫码领取数字纪念卡，提升转化率；利用AI艺术顾问一对一诊断生成观展攻略，提升留存率；通过集印门票享线下衍生品折扣，提升付费率。营销团队还通过数据挖掘，分析社交平台用户行为数据，实现营销的数据驱动。最终，艺术博览会在后续几周收获了明显的线下客流量增长，商品滞销率大幅下降，品牌曝光量和正面评论不断提升，成功实现盈利。

自20世纪50年代以来，现代会展业呈现出蓬勃发展的态势，其产品和服务在不断的创新和升级中经历了多次迭代，以适应市场的需求和技术的进步。与此同时，伴随着行业的发展，相应的营销理念与方式也在持续发生深刻的变化，从传统的宣传推广手段逐渐向数字化、智能化方向转型。项目的营销活动不仅仅是为了促进企业与客户之间的交易，更是为了全方位地服务客户及其合作伙伴，乃至为整个社会创造和传递价值，从而实现多方共赢的局面。

一、营销活动的主要内容

会展项目的经营活动创意性强，工作量大，主要内容包括市场调研、信息内容生产与媒体维护、观众邀约、配套活动组织和设计等方面。

1. 市场调研

采用科学的方法论，有条不紊地、有针对性地搜集并整理目标市场的各类信息数据。通过深入的分析和研究，提出具有前瞻性的市场预测，并通过这一系列的分析和研究过程，形成具有指导意义的预测性意见，为决策者提供重要的参考依据。

会展项目市场调研的对象可以细分为两大类别：常规性调研和指定性调研。常规性调研主要涵盖行业整体态势、项目参与者的满意度、广告投放效果、竞争对手的相关信息等方面，这些都是日常市场运营中需要持续关注和评估的内容。指定性调研则更加聚焦于特定领域，如新市场的开拓潜力、新业务的可行性分析、新技术的应用前景等，这类调研往往针对特定目标或问题进行深入探究，以期提供更为精准的数据支持和分析建议。

2. 信息内容生产与媒体维护

文案、新闻和广告作为信息传播的关键媒介，包含多种类型和内容，例如参展邀请函、参观邀请函、礼仪信函、服务手册、工作简报、广告文稿、致辞讲稿、活动组织方案、会刊、展后报告、合作协议等。在现代会展项目的执行过程中，这些文案材料主要以电子文档的形式展现和传播，广泛发布于官方网站、微信公众号等网络平台，或通过电子邮件直接发送给相关客商和合作伙伴。

会展新闻作为信息传递的关键方式，通常分为即时性新闻和新闻通稿两大类。即时性新闻主要用于项目自媒体的即时发布和传播，涉及的媒体渠道包括但不限于官方网站、微信公众号、微博以及主办方自办的杂志等，旨在迅速传递会展的最新动态和信息，确保受众能够及时获取相关资讯。新闻通稿则更多用于正式的新闻发布和媒体报道，提供更为详尽和全面的信息。

3. 观众邀约

会展项目的观众群体可以被细分为两大类：一类是专业观众，另一类是普通观众。所谓专业观众，特指那些专门前来参观专业会展的受众群体。他们可能是具备采购决策权或明确采购意愿的企业代表，也可能是来自非商业领域的行业研究者、专业领域的教师，或者是肩负报道任务的媒体记者等。

在邀约观众的工作过程中，涉及的环节繁多且复杂。首先需要对会展的服务对象进行精准的定位，明确目标观众群体；其次需要进行大量的信息收集工作，确保邀约对象的准确性和有效性；接着通过多种渠道与潜在观众进行邀约联系，建立初步的沟通桥梁；在此基础上，还需要通过各种方式保持与观众的黏性，确保他们能够持续关注并最终到场；最后，在会展现场需要提供周到的接待服务，确保观众能够获得良好的参观体验。这一系列工作环环相扣，缺一不可，共同构成了邀约观众工作的完整流程。

4. 配套活动组织和设计

这部分内容主要涵盖各类会议、庆典活动、体育赛事、文艺演出等多种形式的活动，这些丰富多彩的活动不仅极大地丰富了项目的内涵和内容，而且有效地吸引了更广泛的受众群体参与。举办这些活动，显著改善了受众的整体体验，从而显著提升了会展的综合服务价值和市场竞争力。

二、营销策略的制订

1. 市场分析

深入而全面地掌握市场状况是构建科学且有效的营销策略的坚实基础。在进行市场分析的过程中，必须对目标市场的多个关键维度进行细致的研究，这些维度包括但不限于市场的总体规模、未来的发展趋势、消费者的具体需求与偏好，以及竞争对手的市场表现和战略布局等。对这些要素进行深入剖析，能够为后续的营销决策提供坚实的数据支持和逻辑依据，从而确保营销战略的针对性和实效性。

2. 目标设定

经过深入的市场分析，我们明确了项目营销的具体目标，并对其进行了细化。这些目标不仅应当具备可量化性，即通过具体的数据指标进行评估，还必须确保其可实现性，即在当前资源和条件下能够实际达成。同时，目标应与项目的整体战略和市场需求保持高度一致性，确保每一项努力都能有效推动项目进展。

3. 定位策略

为促使项目在竞争激烈的市场环境中崭露头角，应当精心谋划并确立其独到的市场定位，保证项目在诸多同类产品或服务里彰显突出的个性以及差异化优势，借此切实与竞争对手形成区分，吸引目标客户群体的关注与喜爱。经由深入剖析市场需求、消费者喜好以及竞争对手的薄弱环节，继而精准把控项目的核心亮点，并将其灵活融入市场定位当中，让项目在市场上树立起别具一格的品牌形象，进而于激烈的市场角逐中占据有利态势。

三、营销路径的规划

1. 产品策略

依据项目定位及目标客户需求，对项目产品或服务进行优化。

2. 价格策略

在综合考量成本、市场需求及竞争状况的基础上，制定合理的价格体系。可实施差异化定价策略，例如，提前购票可享受优惠价格，而现场购票则为标准价格，同时设置不同价位的门票以满足不同消费层次观众的需求。

3. 渠道策略

精选适宜的销售与推广渠道，以提升项目的知名度及销售机会。线上可通过官方网站、社交媒体平台、票务网站等渠道进行宣传与售票；线下则可与各大组织、社区、文化活动中心等合作，开展海报张贴、传单分发等宣传活动，并设立线下售票点。

4. 促销策略

通过促销手段吸引客户。例如，推出团体购票优惠，鼓励观众以团体形式购买门票；举办抽奖活动，使购票观众有机会参与其中；与合作伙伴共同推广，如与本地知名企业合作，为其员工提供特别购票优惠。

一、CRM系统

客户关系管理系统（CRM）在项目团队的运作中发挥着核心作用。该系统不仅能够有效地协助团队搜集、整理及分析庞大的客户数据，还能详尽记录客户的购买行为、消费偏好以及宝贵的反馈意见。通过对这些多维度数据进行深入的分析与挖掘，项目团队能够更全面、更精确地掌握客户的真实需求和潜在期望，进而制定出更具针对性的营销策略，达成精准营销的目标。在实施客户关系管理的过程中，确保系统内的客户信息准确无误、完整无缺且能够实时更新至关重要。只有确保数据的准确性和时效性，后续的分析和决策才能建立在坚实的基础上。此外，建立严格的数据安全机制也是不可或缺的环节，必须采取有效的技术手段和管理措施，确保客户信息的安全，防止数据泄露，保护客户的隐私权益，从而赢得客户的信任和支持。

二、STP战略

市场定位与目标客户锁定的关键手段之一是STP战略，其涵盖市场细分（Segmentation）、目标市场选择（Targeting）以及定位策略（Positioning）。

1. 市场细分

通过对客户特征、行为和需求的分析，将整体市场划分为不同的细分市场。例如在艺术博览会案例中，基于客户的消费能力和艺术兴趣，将市场细分为核心客群数字艺术投资人和潜力客群泛艺术爱好者。这种细分能够帮助项目团队更精准地了解不同客户群体的需求，从而制定针对性的营销策略。

2. 目标市场选择

在细分市场的基础上，评估各细分市场的吸引力和企业自身的资源能力，选择最具潜力的目标市场。例如艺术博览会案例中，主攻长三角高净值家庭艺术教育市场，精准聚焦高价值客户群体，集中资源进行营销推广，提高营销效果。

3. 定位策略

明确企业或产品在目标市场中的独特定位，使自身与竞争对手区分开来。艺术博览会将自身定位为"东方美学数字化的首席翻译官"，这一定位突出了展会在东方美学与数字艺术融合方面的独特价值，有助于吸引目标客户，并在市场中树立独特的品牌形象。

三、营销漏斗

营销漏斗是描述客户从认知到购买的转化过程的工具，通过优化各阶段的转化路径，可以提高整体转化率。以导入案例中的艺术博览会为例。

认知层工具与方法：利用 AR 城市画廊扫码等创新方式吸引用户关注，用户扫码后可领取数字纪念卡，这种互动性强的方式能够有效提高用户对展会的认知度和参与度，转化率达到 38%。通过提供有价值的数字纪念卡，激发用户进一步了解展会的兴趣，引导他们进入营销漏斗的下一个阶段。

兴趣层工具与方法：引入 AI 艺术顾问一对一诊断，为用户生成个性化的观展攻略。这种定制化服务能够满足用户的个性化需求，提高用户对展会的兴趣和留存率，留存率达到 65%。AI 技术的应用不仅提高了服务效率，还为用户提供了专业、贴心的服务体验，增强了用户对展会的好感度。

决策层工具与方法：推出集印门票享线下衍生品折扣的优惠活动，刺激用户做出购买决策，付费率达到 27%。通过提供实际的利益诱惑，降低用户的购买门槛，促使他们从兴趣阶段转化为购买阶段，提高了转化率。

● ● ●   **思考题**   ● ● ●

1. 探讨几种普遍存在的会展项目营销策略，并阐述各自的优势与劣势。

2. 结合导入案例中的数据和现象，分析艺术博览会在营销战略上存在哪些问题。

模块九 信息管理

拥有"智慧中枢"的智博会

某全球人工智能博览会主办方计划联动20个国家的230家科技企业，全力打造"AI产业风向标"，期望借此展示全球人工智能领域的最新成果与发展趋势。然而筹备伊始就发现参展商的资料版本混乱，15%的展品描述与实物不符。此外，观众预约系统与票务平台数据割裂，客服系统还因大量咨询信息而崩溃。安保系统由于信息采集的数据制式和语言差异，误将6家参展商标记为"风险人员"，暴露了展会安全管理系统的漏洞。

面对如此严峻的形势，主办方决定引入先进的信息管理工具和技术，全力扭转局面。首先，构建信息图谱，包括制式的参展商数据库，并保持动态更新，确保参展商技术资料的准确性和及时性。同时，建立"展品-技术-应用场景"三维知识图谱，将展品、相关技术以及实际应用场景紧密关联，更好地呈现展品的价值和应用。此外，利用文本挖掘引擎对海量信息进行清洗和校正，还设置了预警功能，能够提前发现潜在的信息风险和问题，及时发出警报，有效解决了信息错误和沟通障碍问题。通过上述"智慧中枢"的应用，该全球人工智能博览会逐渐化解危机，重回正轨。后续在展会现场，观众和参展商的体验均得到了有效的保障。

项目一 项目信息的整合与挖掘

　　会展业在当今社会中被广泛推崇为现代城市的经济支柱，宛如城市发展的"面包"，其重要性不言而喻。这一行业不仅汇聚了庞大的信息流，还涵盖了先进的技术流、丰富的商品流以及高素质的人才流。这些要素的集中，为城市的经济繁荣和社会进步提供了强有力的支撑。在这样的背景下，良好的信息管理显得尤为重要。科学高效的信息管理手段，能够确保会展项目所带来的资金、商品和信息的流动更加合理有序，避免资源的浪费和冗余。这不仅有助于提升会展项目的整体运作效率，还能有效降低项目参与各方的运营成本，从而为各方创造更大的经济价值和市场机遇。

一、会展项目信息特点

1. 信息数据凌乱无序

　　在日常业务操作中，客户资料常以文本、表格等多种格式分散存储于各个业务人员的个人计算机内。此类分散存储模式对于企业整体信息系统而言，存在诸多不利因素。首先，客户信息的整合与共享难以有效实现，导致各部门在获取及应用客户资料时遭遇障碍，从而影响工作效率。其次，由于缺乏统一的管理与监控机制，客户资料的完整性和保密性难以得到充分保障。特别是在员工离职等情形下，这些散落于个人计算机中的客户信息更易面临泄露或遗失的风险，给企业项目带来潜在的安全隐患。

2. 数据关联复杂

　　会展项目业务的联系纷繁复杂，牵涉众多部门与环节。项目管理层在处理过程中，往往难以迅速且精确地掌握项目的关键信息，包括项目参与人员的动态变化、财务状况的实时更新等。这种复杂的数据关联性使得管理层在决策与协调方面面临诸多挑战，难以确保项目的高效推进与资源的合理配置。

3. 数据分析粗糙

　　主要表现在数据的处理过程和理解层面上，明显缺乏应有的深度与细致度。这种粗糙的处理方式，往往会导致一些至关重要的信息被无意中忽视，或者数据中潜藏的、不易察觉的模式和趋势无法得到有效的识别和挖掘。基于数据分析的结果就可能有失偏颇，无法真实反映事物的本质和规律。

二、信息管理内容

会展项目的信息管理主要涉及对参展商、观众、场馆、展会以及相关组织的信息进行系统化管理。信息管理的核心内容包括原始数据的搜集、数据的加工处理，以及信息的传递、存储、检索和输出。信息管理流程可划分为五个阶段：筹备阶段、准备阶段、会展进行阶段、结束阶段和休会阶段。

1. 筹备阶段

主要是对会展项目的具体情况，比如举办日期、规格、会展对象、资金来源、地点等诸多要素进行详细策划，确定筹备工作的具体事宜，收集相关信息，安排专人负责每一项工作，按时保证工作落实。在这个阶段，重点做好筹备信息的管理、预算信息的管理和场地信息的管理工作。具体来说，筹备阶段主要是针对会议信息、展览信息、场馆信息、会展承办方信息、会员登记信息、特约嘉宾基本信息、用餐信息、住宿信息、会议场馆费用信息、会展布局设计等信息进行管理，这些信息通常是按照会展的进度和日程安排的，在策划时应考虑信息前后的依赖关系，最好通过合理的流程设计来降低这些信息的前后依赖程度，以避免影响整个筹备工作的进度。

在筹备阶段还要关注预算信息管理，在制订活动计划时，需要把整场活动分解到一系列详细的项目中，对每个项目的支出做预算，以控制各项成本支出。在进行预算信息管理时，可以将会展活动期间的所有经费在财务系统中按照专项来建立账户，所有费用的收入和支出都纳入该专项进行统一管理，对专项资金做到专款专用。

此外，筹备阶段应尽可能根据客户的需要，合理安排整个展会场地，提高展会场地的使用率，确保展会的布局更加人性化，便于参观者走动、工作人员出入、参展商搬运货物以及在最短时间内安全疏散等。这些都可以通过场地信息管理来实现。

2. 准备阶段

主要包括项目信息细化、资金动态管理、客户信息管理三个方面。项目信息细化主要是针对筹备报告的项目类别进行具体信息的录入，明确对应人员费用支出、完成时间、各项目间的连接节点等关键问题。资金动态管理主要是指做好资金的到账信息管理、应付账款管理、会务费收取、出租展位费收取等工作。客户信息管理主要是针对与会者，包括参展商或者参会成员等，通过收集他们的相关信息，强化客户黏性，降低下次邀约的盲目性。

3. 会展进行阶段

在会议期间注意跟进会议日程，确定参会代表注册、回程时间，更新住宿状态和交通方式，对收集的会议征文等进行登记处理。在展览期间要关注展会安全信息、志愿者信息、参展商初入场登记信息、参展商服务信息、门票销售信息等内容。

4. 结束阶段

注意相关的交通运输信息、物品清点信息、每笔往来账目的用途和金额的匹配信息、项目干系人存档信息等。

5. 休会阶段

做好展览或者会议后的数据分析和评估工作，有助于下届会展项目的顺利开展。很多会展项目会忽视会展期间收集的调查数据，未对项目的整体成效、宣传效果、接待成果和成交结果进行系统深入的考核和评价，导致下届会展项目的举办缺乏系统性。因此在休会期间，要完成客户信息数据库的建立和更新，向目标客户邮寄或发送会展总结并致谢，进行会展项目的总结性宣传，以便吸引大众和媒体的关注，进一步扩大项目的影响力。

三、信息管理流程

1. 信息源识别

识别所有可能的信息源，包括内部系统（如ERP、CRM等）、外部数据库、行业报告、社交媒体等。

2. 数据收集

制订数据收集计划，明确收集方法（如手动输入、自动抓取、API等）、频率和责任人。

3. 数据清洗与预处理

收集到的数据往往包含噪声和冗余信息，需要进行清洗和预处理，如去除重复项、填补缺失值、数据格式化等，以便后续分析使用。

4. 信息整合

将清洗后的数据整合到一个统一的平台或系统中，便于跨部门、跨项目的信息共享和协作。

5. 信息分析与应用

利用数据分析工具和技术（如数据挖掘、统计分析等）对整合后的信息进行深入分析，提取有价值的信息和洞察，为项目决策提供支持。

项目二 信息管理工具箱

信息管理的优劣直接影响数字化时代各类会展项目的成败。一套完善的信息管理工具箱，涵盖了从数据收集、存储、清洗、分析到安全保障等多个环节的工具，为项目的顺利推进提供坚实支持。

一、数据管理工具

1. 数据库管理系统（DBMS）

例如参展商数据库，它负责存储参展商的各类信息，包括技术资料、联系方式、展位需求等。数据库强大的管理功能，能够实现数据的高效存储、快速检索和便捷更新，确保参展商信息的准确性和及时性。

2. 数据仓库

数据仓库用于整合展会多源数据，如参展商数据、观众数据、票务数据等。它将分散在不同系统中的数据集中存储，为数据分析提供统一的数据来源。

3. 数据湖

数据湖可存储结构化、半结构化和非结构化的海量原始数据。在展会筹备和举办过程中，产生的大量文本、图片、视频等非结构化数据，如媒体报道、观众反馈、现场照片等，都可以存储在数据湖中。

二、数据收集工具

1. 网络爬虫

网络爬虫可以自动从互联网上抓取与展会相关的信息，如行业动态、竞争对手的展会信息、潜在参展商和观众的信息等。通过设定特定的抓取规则，能够高效地获取所需数据，为展会的市场分析和策略制定提供支持。

2. API（应用程序编程接口）

展会可以通过与合作平台、社交媒体等的API，获取相关数据。如与票务平台的API对接，实时获取票务销售数据、观众预约信息等；与社交媒体平台的API对接，获取展会在社交媒体上的曝光度、话题热度、用户互动数据等，从而及时调整宣传策略。

3. 数据抓取软件

数据抓取软件能够针对特定的数据源，按照设定的规则抓取数据。在收集参展商技术资料时，可以使用数据抓取软件从参展商的官方网站、行业数据库等获取相关信息，确保数据收集的全面性和准确性。

三、数据清洗与预处理工具

1. 数据清洗软件

数据清洗软件可以识别和纠正数据中的错误、重复、缺失值等问题。例如，对观众预约系统和票务平台的数据进行清洗，消除重复记录和错误信息，解决数据不一致的问题。

2. ETL（提取、转换、加载）工具

ETL工具负责从不同数据源提取数据，按照一定规则进行转换和清洗，然后加载到目标数据存储中。

四、数据分析与可视化工具

1. BI（商业智能）工具

对展会数据进行深度分析，生成报表和可视化图表，为决策提供支持。通过BI工具，展会管理者可以直观地了解参展商的分布情况、观众的来源和行为特征、各类展品的关注度等信息，从而制定针对性的营销策略和资源分配方案。

2. 数据分析软件

数据分析软件能够进行复杂的数据统计分析和挖掘。在展会中，利用数据分析软件可以对观众的满意度调查数据进行分析，找出影响观众满意度的关键因素，如展位布局、服务质量、展品内容等，为改进展会服务提供方向。

3. 数据可视化平台

数据可视化平台将数据分析结果以直观的图表、图形等形式展示出来。

五、信息安全工具

1. 防火墙

防火墙用于保护展会信息系统免受外部网络攻击和非法访问。在展会的网络架构中部署防火墙，能够阻止黑客入侵、恶意软件传播等安全威胁，确保参展商数据、观众信息和展会运营数据的安全。

2. 加密技术

对敏感数据如参展商商业机密、观众个人信息等进行加密处理，保证数据在传输和存储过程中的安全性。例如，在观众预约系统和票务平台中，使用加密技术对观众的支付信息、身份信息进行加密，防止数据泄露。

3. 访问控制系统

设置严格的访问控制系统，根据不同人员的角色和职责，授予相应的数据访问权限。在展会管理中，参展商只能访问自己的参展信息，媒体只能访问授权的新闻资料，工作人员只能访问其工作所需的数据，从而保障数据的隐私保护和安全使用。

● ● ●　　　　　　　　　　　　　　　思考题　　　　　　　　　　　　● ● ●

1. 请简述会展项目如何进行信息管理。

2. 请分析信息管理与会展运营之间的关系，并阐述有效的信息管理如何保障展会的顺利进行。

模块十　风险管理

艺术展的破局之战

在全球化的艺术交流浪潮中，大型国际会展项目承载着传播文化、促进交流的重要使命，但也面临着诸多复杂风险。某数字艺术全球巡展首站的筹备历程充分体现了这一点。该展览计划以数字技术为依托，将非物质文化遗产的艺术魅力传递至全球，项目涉及5国12家机构，包括文物数字化机构、艺术展馆、赞助商、运输公司、保险公司等，其规模和复杂性不言而喻。然而，在筹备期间，18件数字文物在跨境传输时遭遇数据加密冲突，不同国家和机构采用的加密标准不同，导致数据无法顺利传输和对接，严重影响了展品的准备进度；此外，有些区域的合作方因文化禁忌要求撤换一组核心展品，这些展品包含的艺术元素与当地文化习俗存在冲突，打乱了原本的展览布局和策划方案；雪上加霜的是，3家主要赞助商因地缘政治风险暂缓资金投放，资金链的不稳定使得项目的推进面临巨大压力，许多筹备工作因缺乏资金而陷入停滞。

面对如此严峻的形势，项目方将数据主权争议、地缘政治冲突等风险定位在红色警戒区，将设备兼容性风险、文化误读等风险定位在黄色预警区，这种定位方式帮助项目方迅速识别出最具威胁的风险，以便集中资源应对；并建立风险预防机制，定期对项目进行风险评估和排查。在数据传输方面，提前统一加密标准。在文化交流方面，加强与合作方的沟通和文化培训。制订详细的应急计划，针对不同风险制定相应的应对措施，如针对展品通关问题，提前与海关沟通，准备齐全文件。此外，建立应急响应小组，随时应对突发情况。最终，项目方成功化解危机，展品顺利通关，展览如期开展，项目顺利完成。

项目一 | 项目风险的识别与规避

会展项目的人流与物流高度密集，流动性大，人群和物资类型都十分复杂，不可控因素和易变因素多。这些从本质上决定了会展活动属于高风险行业，因此需要加强对项目的风险管理，以最低的成本确保项目获得最大的安全保障，为项目的正常推进护航。

一、项目风险的含义

会展项目风险是会展项目在特定的约束条件下，项目的预期和实际的收益之间发生偏离的可能性和可能带来的后果，具有明显的客观性、普遍性，一定的偶然性和必然性，以及可变性和可测性的特征。

由于项目是在一定的客观条件下进行的，这些潜在的物质因素和人为因素构成潜在的风险因素，它不以人的意志为转移，人们可以规避、控制、转移风险，但是不能从根本上消除风险。虽然项目风险是客观存在的，但对于具体的风险来说并不是必然的，它具有偶然性。风险何时发生以及发生的后果无法准确预测，这意味着风险的发生在时间上具有突发性，在后果上具有灾难性。虽然个别项目风险的发生是偶然的、无序的，甚至是杂乱无章的，但是通过对大量风险事故的观察和统计，就会发现风险的出现呈现出明显的规律性，而且随着项目的客观条件发生变化，风险在质和量上又会发生一定的变化，甚至在一定的空间和时间范围内，某种特定的风险被消除，新的风险又可能会随之产生。

二、项目风险的类型

根据不同的标准，会展项目的风险包括不同的内容。

依据项目风险的阶段，把项目风险划分为概念阶段、开发阶段、实施阶段和收尾阶段的项目风险。

依据项目风险的表现形式，把项目风险划分为信用风险、生产风险、市场风险、完工风险、金融风险、政治风险、环境风险。

依据项目的投入要素，把项目风险划分为人员、时间、资金、技术等风险。

依据项目风险的可控制性，把项目风险划分为核心风险和环境风险。

依据风险的来源边界或与项目的直接相关性，把项目风险划分为非系统性风险和系统性风险。其中，非系统性风险包括政策风险、领导决策风险、其他部门干预风险、战略改变风险、进度风险、成本风险、法律风险、不可抗力风险等。系统性风险包括目标风险、范围风险、沟通风险、业务了解风险、需求理解风险、可行性风险、需求变更风险、信息管理风险、项目团队经验风险、实施者自行变更风险、计划风险、漏项风险、环境风险、整合风险、设计风险、要素变动风险、质量风险、采购风险、用户满意度风险等。

三、风险管理的流程

1. 风险识别

在项目的策划和实施过程中，各种潜在的风险因素可能随时出现，例如市场需求的变化、技术难题的困扰、资金的短缺、政策的变动以及其他不可预见的因素。为了确保项目顺利进行，必须建立一套科学且有效的风险识别机制。这一机制应包括定期的风险评估会议，通过会议的形式让团队成员共同讨论和识别潜在风险；同时，还需借助专业的风险分析工具，利用这些工具对项目数据进行深入分析，从而发现隐藏的风险点。此外，团队成员的集思广益也是不可或缺的，通过集体的智慧和经验，能够更全面、系统地识别出项目可能面临的各种风险，为后续的风险应对和管控提供坚实的基础。

2. 风险评估

在风险识别的基础上，对收集的大量详细资料进行深入细致的分析，运用概率论和数理统计方法，科学地估计和预测风险发生的可能性及其带来的损失幅度。在此基础上，全面衡量该风险对项目整体进展、目标实现以及资源分配等方面的影响程度，同时评估处理该风险所需付出的成本，包括时间、人力、物力等各方面的投入。通过综合考量，最终确定是否需要采取相应的应对措施，以确保项目的顺利进行和预期目标的达成。

3. 风险应对策略制定

一旦确定了项目所面临的主要风险及其潜在影响，接下来需要制定针对性的风险应对策略，包括风险规避、风险减轻、风险转移和风险接受等多种策略。其中，风险规避意味着通过改变计划或采取行动来消除或避免风险；风险减轻则通过采取措施来降低风险发生的概率或减轻其影响；风险转移则通过合同、保险等方式将风险责任转嫁给其他实体；风险接受则是在权衡利弊后，决定不采取特别措施，直接承担风险带来的后果。

4. 风险监控与调整

在项目的执行过程中，风险状况可能会随着外部环境和内部条件的变化而发生变化。因此，需要建立一套风险监控机制，定期对风险状况进行评估和跟踪，及时发现新的风险或风险变化，并根据实际情况对风险应对策略进行调整和优化。这一过程需要项目团队成员的积极参与和持续沟通，以确保项目能够顺利应对各种风险挑战。

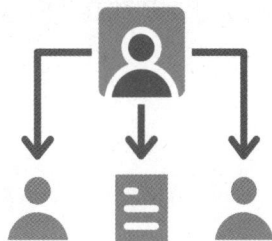

一、项目的风险识别阶段

1. 风险清单

作为一种简便易行的风险识别工具，其核心功能在于通过系统地列出项目在实施过程中可能遭遇的各种潜在风险因素，从而提供一个全面、细致的风险全景图。借助这一工具，项目团队可以更加深入地分析和理解项目所面临的风险状况，确保在项目推进的各个阶段，能够及时识别、评估并应对这些风险，有效提升项目的风险管理水平和成功率。

2. 核对表

这是一种基于类比以前类似项目所积累的相关信息而编制的风险识别核对图表。主要目的是系统地记录和高效地整理各类风险数据。通过这种核对图表，项目团队可以有条不紊地识别潜在风险，确保风险管理工作的全面性和准确性，使其成为会展项目管理中不可或缺的常用工具。

3. 德尔菲技术分析法

这是一种经典的专家咨询和决策支持方法，通过多轮匿名问卷调查的方式，集合众多领域专家对项目风险识别的经验，逐步达成共识，从而对项目面临的潜在风险进行科学、系统的预测和分析。该方法强调专家之间的独立性和匿名性，避免了面对面讨论可能产生的群体压力和权威影响，确保了意见的客观性和多样性。通过反复的反馈和修正，德尔菲技术分析法能够有效提炼出最具代表性和可靠性的专家意见，为决策者提供坚实的数据支持和理论依据。

二、项目的风险评估阶段

1. 风险矩阵

作为一种系统化的风险评估与排序工具，风险矩阵全面且细致地综合考虑风险发生的可能性大小及其潜在影响程度的深浅，对各类风险进行科学合理的优先级排序。这一过程不仅可以识别出哪些风险更为紧迫和关键，而且可以在资源有限的情况下，优先集中精力和资源去处理那些高风险事项，以确保风险管理的效率和效果，最大限度地降低风险带来的负面影响。

2. 概率影响矩阵

这是对风险评估过程的进一步细化和深化。它通过科学的方法，对风险事件发生的可能性以及一旦发生所产生的影响程度进行量化分析，从而将抽象的风险转化为具体可衡量的数据。基于此，决策者在面对各种潜在风险时，就能进行更为精准和理性的判断，为风险决策制定出更加科学、合理的应对策略，确保在复杂多变的环境中做出最优选择。

3. 敏感性分析

通过细致模拟和评估各种不同风险因素在不同情境下的变化情况，深入探究这些变化对项目最终结果可能产生的具体影响，从而提供全面且深入的数据支持和分析依据，使项目团队在面对潜在风险时能够制订出更加周全、稳健且具有针对性的风险应对方案，确保项目在复杂多变的环境中依然能够保持稳定运行，并顺利实现预期目标。

三、风险的应对与调整阶段

在这一阶段，项目团队必须高度关注风险动态的变化趋势，并且积极主动地采取一系列相应的措施，及时调整。基于上述风险评估得到的翔实结果，项目团队需要制定出具有针对性的风险应对策略，这些策略可能包括但不限于加强内部控制体系的严密性、优化和改进现有的业务流程、提升全体成员的风险防范意识和应对能力等方面。同时，项目团队还必须保持高度的灵活性和适应性，紧密关注外部市场环境的变化以及内部资源配置的调整，根据这些变化及时对风险应对策略进行必要的修订和完善，以确保策略的有效性和适用性。

在这一阶段，项目团队通过全面且多维度的有效应对与精确调整，将显著增强其风险管理和综合应对能力。为会展项目的稳定发展奠定坚实基础，并确保在复杂且多变的市场环境中取得成功。

思考题

1. **请介绍常见的项目风险识别方法及其特点。**

2. **举例说明展览筹备伊始，风险识别和应对方案设计可能存在哪些不足，又该如何改进。**

进阶篇

会展项目管理职场准备

知识目标

· 掌握会展品牌定位与传播规范，熟悉项目在不同时期的发展特点、技术应用及未来趋势。

· 理解会展行业的岗位蓝图和职业发展路径，明确各阶段的学习和发展目标。

技能目标

· 具备运用前沿技术提升项目体验的创新能力，精进资源整合和沟通协调等关键技能。

· 能够诊断项目失败的原因并制订和执行改进方案，提升项目成功率。

素质目标

· 培养创新思维和科技应用意识，积极探索数字化时代会展项目的创新发展路径。

· 构建持续优化项目管理效能的工作意识，树立用积极心态和有效策略应对挑战的职业观。

模块一 趋势探究

锦囊一 项目的品牌战略

在《牛津英语词典》中，"品牌"被定义为一种用以证明所有权、作为质量标识或其他用途的标志，其主要功能在于区分和证明商品的品质。随着商业竞争格局和零售业态的持续演变，品牌所蕴含的意义日益丰富。

现代营销学之父菲利普·科特勒在其著作《营销管理》中对"品牌"进行了定义，指出品牌是一种名称、术语、标记、符号或图案，或这些元素的组合，旨在识别特定消费者或消费群体的产品或服务，并使之与竞争对手的产品或服务相区分。品牌可被视为产品符号，是企业与消费者之间沟通的桥梁。品牌构成了一个全面的结构体系。

会展品牌是指能够使一个会展项目在众多会展项目中脱颖而出的特定标志。它不仅规模宏大，而且能够代表整个行业的发展动态，反映行业发展趋势，对行业发展具有指导意义，并拥有强大的影响力和核心竞争力。一个优秀的会展品牌意味着拥有优越的市场环境、蓬勃的产业背景、杰出的参展商、卓越的商品、优质的服务以及完善的配套设施。

一个具有良好声誉的会展品牌，能够吸引更多的赞助商和参展商。通过品牌建设，会展项目能够在相关行业及目标市场中提升知名度。一个广受认可且具有影响力的知名品牌，更容易吸引公众的关注，从而带来更多的商业机会。特别是对于赞助商而言，一个强大的会展品牌是其眼中的一大优势，品牌的知名度和形象是赞助商选择合作项目时的关键考量因素之一。此外，一个引人入胜且内涵丰富的品牌故事，能够与观众产生情感共鸣。通过品牌故事，会展项目可以建立更为丰富和立体的关系，从而提升项目的参与度、忠诚度与满意度。一个强大的会展品牌不仅能在短期内为项目带来关注和成功，还能够为项目的长期发展奠定坚实的基础。

会展行业的从业者必须从项目定位、传播策略、标识体系、体验营销、品牌故事以及数字平台运用等多个维度，构建一条全面且系统的会展项目品牌建设之路。

第一，必须明确项目的定位及目标，因为定位是战略的核心所在，它决定了项目在市场中的地位和形象。这一过程应基于项目团队对市场需求的深入理解和挖掘，尤其是对核心利益相关者需求的调查。例如，通过对目标参展商的需求和期望进行分析，可以确立会展的主题、定位和特色；通过对观众需求的分析，可以掌握他们对会展内容、活动、服务等方面的期望，进而调整品牌定位，以满足这些需求。通过市场调研洞察行业趋势、竞争对手和目标受众的需求，能为项目定位提供精确的方向，使其在市场中找到独特之处。值得注意的是，在数字时代，数据是关键所在，品牌构建的第一步是运用数字化手段进行深入且精准的市场调研，为品牌定位提供数据支持。

第二，制定品牌传播策略至关重要，以确保品牌信息能有效传达至目标受众。首先，需深入分析目标受众，掌握其特征、需求及行为模式。随后，选择恰当的传播渠道，包括社交媒体、行业媒体及传统媒体，制定差异化内容，创造引人入胜的品牌故事和互动内容。

第三，建立独特的标识体系是品牌构建的核心所在。通过设计一个能凸显品牌个性的标志，以及选择独特的色彩和字体，可以确保项目在视觉上给人留下深刻印象，进而塑造积极且专业的品牌形象。

第四，体验经济时代要求项目构建一个丰富的产品和服务体系。在营销阶段，通过举办各类体验活动，使受众理解品牌理念，提高品牌的认知度和记忆度。特别是品牌在叙事逻辑与叙事方式上，建立一个有深度、有层次、引人入胜的叙事体系，才能与受众产生共鸣，传达品牌的核心价值观。此外，数字时代提供了丰富的数字工具，包括人工智能、大数据分析、区块链等。会展项目可以通过运用这些工具提升品牌推广的效果。例如，通过人工智能的智能推荐系统为参与者提供更符合其兴趣的展览内容。与此同时，数字时代赋予了品牌更多的个性化可能性。会展项目可以通过智能化的技术，根据参与者的兴趣、历史参与经验等个体差异，为其打造个性化的品牌体验。无论是通过个性化的推荐产品，还是定制化的互动体验，数字技术都为品牌构建注入了更多的温度和深度。

第五，应充分利用数字平台以实现品牌构建的完整闭环。首先，会展项目需构建一套全面的数字化营销体系，涵盖官方网站、社交媒体账号、小程序等，通过这些渠道发布会展信息、活动预告及行业动态，以吸引更多参展商和观众的关注与参与。同时，通过数据分析实施精准营销，以提升营销效果和品牌影响力。其次，通过数字平台优化用户体验。会展项目应从观众需求出发，改善参展体验和活动内容，以提升观众的满意度和忠诚度。例如，通过线上预约、在线咨询、电子会刊等手段提供便捷服务。再次，通过数字平台拓展合作交流的范围和空间。会展项目应积极与其他展会、行业协会及企业合作交流，共同举办活动、共享资源、交流信息，以扩大品牌影响力和号召力，同时吸引更多优质参展商和观众参与，提升品牌的竞争力和吸引力。

会展项目的品牌建设是一个持续且动态的过程，它要求项目团队不断地监控成效并作出相应的调整。通过运用数据分析工具，项目团队可以评估品牌传播的成效，收集受众的反馈以及了解参与度，进而及时调整品牌形象、传播策略和活动方案，确保品牌持续保持活力和影响力。同时，随着数字化程度的加深，数据安全和隐私保护问题也变得尤为重要。在品牌建设过程中，必须确保遵守相关的隐私保护法规。透明的数据管理政策不仅能够增强品牌的信誉，还能赢得公众的信任。在数字化时代，会展项目品牌建设的逻辑已不再局限于传统的推广手段，而是涵盖了数据驱动、个性化体验、媒体融合以及虚拟与现实的结合等关键要素。需要明确的是，尽管存在一条普遍适用的路径，但具体的策略仍需根据项目的独特性质和目标受众量身定制。只有持续创新并紧跟科技发展的步伐，会展项目才能在数字化时代中脱颖而出，塑造出具有独特性的品牌形象。

锦囊二 项目的未来模式

在数字化时代，沉浸式体验为观众带来了全新的感官体验。这种体验不仅模糊了媒介之间的界限，还极大地拓宽了技术与艺术的融合边界，实现了科学与艺术的深度连接。随着科学技术的持续发展，沉浸式会展项目正以惊人的速度发展，成为会展行业创新的重要方向。

当前，沉浸式展览在国内外会展项目中正迅速崛起，成为行业发展的重要趋势之一。这种展览形式融合新媒体艺术、视觉艺术、交互技术与造型艺术，结合虚拟现实（VR）、增强现实（AR）、全息投影、人工智能（AI）等前沿技术，创造出高度沉浸的多感官体验，极大地提升了观众的参与感和互动性。沉浸式展览不仅运用了多种形式的美学法则，还通过技术与艺术的深度结合，满足了年轻一代及Z世代对个性化、互动性和数字化文化消费的需求。尽管沉浸产业的发展历史不足10年，但其市场规模增长迅猛，已实现超过50亿元的产业总产值，并呈现出持续扩张的态势。沉浸式展览的应用场景也在不断拓展，从传统的艺术展览延伸至品牌营销、文化旅游、教育培训、商业活动等多个领域，成为会展业创新的重要驱动力。未来，随着5G通信技术、元宇宙概念的普及以及观众对体验经济需求的不断提升，沉浸式展览将进一步推动会展行业的数字化转型和内容升级。特别是在国际化和区域化的会展项目中，沉浸式展览有望成为吸引观众、提升品牌价值和增强文化传播力的核心手段。整个沉浸产业的发展动态已成为会展业关注的焦点，并将对行业的未来格局产生深远影响。

沉浸式体验的概念可以追溯到20世纪60年代。经过科学家不断地技术创新，虚拟现实和增强现实技术被广泛应用。众多研究者和艺术家不断探索数字艺术与媒介的结合。随着技术的进步，数字艺术逐渐被大众接受，并成为当代艺术的重要形式。在这一背景下，沉浸式会展项目如雨后春笋般兴起。在中国，沉浸式展览的概念最早在2010年引起关注。当时，一场名为"感觉即真实"的展览通过纯视觉环境为观众带来了神秘的沉浸式体验，赢得了广泛好评。2013年，日本艺术家草间弥生的"我的一个梦"沉浸式展览在上海当代艺术馆展出，进一步向中国观众普及了沉浸式展览的概念。这种展览形式逐渐改变了传统的观展模式，强调观众的深度参与和双向互动，推动了会展行业的创新发展。目前，沉浸式会展项目在中国的商场、展厅、博物馆等场景中得到了广泛应用。例如，利用虚拟现实、增强现实和全息投影技术为观众提供更加丰富的沉浸式体验，跨越了传统展览的次元限制。

作为当代科技与文化创新融合的成果，沉浸式体验结合了大数据、人工智能、虚拟现实、增强现实、全息投影、多通道投影等前沿技术，具有互动性、系统化、智能化和虚拟化等特点。这些技术的集成和应用对沉浸式体验的内容和结构产生了深远影响。在空间造境，主要是通过叙事性空间（通过故事线索和情节设计，引导观众在空间中探索和体验）、交互式空间（通过互动装置和技术，让观众成为体验的一部分）和纯空间意境（通过视觉、光影和声音的结合，营造出抽象的艺术氛围）的营造，为观众提供沉浸感。

在未来，会展行业将进一步推动沉浸式体验的发展，强化辅助信息与展品之间的联系，深化沉浸感的营造。在这一过程中，设计人员需避免过度追求技术炫技，而忽视艺术与科技的平衡。通过融入生活理念，将现代城市生活与人文资源结合，拓展会展项目的边界。其次，会展行业要与金融、旅游、科技等领域深度合作，推动行业升级。例如，利用大数据分析参观者行为，优化展览设计；通过虚拟现实技术增强时空感，提升观展体验。在网络技术的支持下，主办方可以为参观者提供智能导航、信息推送等服务，不仅提高参观满意度，还能通过数据分析优化展览效果。

总之，沉浸式会展项目是会展行业与科技融合的产物，也是数字化时代文化消费升级的体现。通过不断创新展览形式，融合前沿技术和艺术表达，会展行业将迎来更高层次的发展。

模块二 职场导航

锦囊一 从零到一成为项目经理

在会展项目管理中，项目经理的地位举足轻重。从某种意义上说，会展项目的管理水平取决于项目经理的管理能力，因此成为一名优秀的会展项目经理，是一个激动人心且富有挑战的职业选择。

在会展主办方内部，尤其是拥有多个会展项目的主办方，项目经理一般由主办机构的中层干部来担任，也就是该机构的经营管理骨干，属于管理层的员工。项目经理是项目管理的统筹者与实施者。项目经理作为会展项目经营指标的承担者与完成者，负责统一管理项目的销售营销和运营的相关工作，可以被视为从初期计划到具体实施的操盘人。项目经理是整个项目团队的灵魂人物，既是全体成员精气神的凝聚者、业务技能的辅导者，又是克服工作困难的引导者和处理内部矛盾的协调者。同时，项目经理在主办方的外部，还是会展项目公共关系的拓展者和连接者。

拆解项目经理的素养就会发现，第一，在学识上，项目经理需要通识性知识与专业性知识相结合。第二，在管理上，项目经理需要管全面与管细节、管人和管事相结合。第三，在职场上，优秀的项目经理是会展业的短缺型人才，也是展览业的复合型人才。

会展项目经理的主要职责包括管事、管钱和管人。管事主要包括提出项目计划与草案，参与协商，承接任务，组织实施项目销售，制定以目标为导向的销售策略和翔实的实施计划，并进行过程审定，日常调度，落实委托销售，参与重点客户的销售工作。项目营销即提出并制订整体项目的全盘营销推广计划，过程中做好品控及审定，重点配套活动的调度。项目攻关即拓展资源，与拥有重要资源的机构建立联系，妥善处理危机公关。项目运营即提出或审定计划，协调各方资源，及时复盘总结，为后续项目推进提供支撑。管钱主要包括参与预算编制以及控制成本，审查开支，在授权范围内调整预算与开支。管人包括组建项目团队，提出招聘计划，参与新人面试，带领团队实现经营目标，培训员工，制定员工的激励政策，组织团建活动等。

会展项目经理除了具备良好的品行、深厚的文化素养、健康的身体外，职业能力也不可或缺。这种职业能力一般由三种要素构成，即专业知识、专业技能、专业管理经验。

从职业需求来看，会展项目经理在品行上需要遵循社会道德、商业道德规范，在文化上一般需要大专及以上的教育程度，拥有自我学习的能力，对方法论有悟性。在身体上需要保持生理和心理的健康，能够应对管理工作所产生的压力。在职业能力上，达到会展项目经理的专业管理要求，也就是需要具有相应的专业知识以及专业技能。专业知识包括掌握会展发展的现状和特点，中国会展业的市场现状，中国会展主题及其资源构成与分布，中国会展的主办方状况，会展场馆、会议场所等现状，中国会展业的行政法规与政策规划，国际会展业先进或前沿的信息，会展所涉猎行业的发展情况，竞品会展项目的发展情况，等等。而专业技能则包括能够设置举办会展的基本流程，掌握会展项目主题及配套活动的创意方法，能够编制项目的计划财务预算，整合资源，拓展公共关系，组建和管理项目团队，管理项目的营销销售，运营市场调研、数据分析以及经营诊断，并向主办方提出工作建议。专业知识是孕育专业技能的认知基础，专业技能则是展示专业知识的业务方法。光有专业知识而疏于实操的项目经理，沦为纸上谈兵，难以重用。而虽会实操，但缺乏知识打底的项目经理则悟性较差，容易受阻。

一个入行的新人如果想成为项目经理，一般需要攀上四个台阶：首先要成为项目业务的骨干，也就是能够在销售、营销、运营等岗位能独当一面的员工，然后成为一名业务主管，随后成为细分领域的项目经理，最后成为一名统筹管理的项目经理。不同的人在不同的主办方、不同的项目、不同的岗位的成长时间不尽相同，比如在新的项目中，新人发挥的空间大于老项目，成为业务骨干的速度会快一点，又如执行力强的销售部门经理晋升为项目经理的概率可能大一些。一般而言，学习能力和执行能力强并善于管理的人，成为项目经理的速度会快很多。此外，从业者即便具备了做项目经理的基本素质，登上了第三级台阶，也需要有更多的机遇才能晋级为项目经理。

成为项目经理，第一，要深入了解会展行业和项目管理的基本知识，学习行业的历史趋势、常见术语以及项目管理的核心原则。第二，要注重实践，积累经验。理论知识固然重要，但实践经验同样不可或缺，寻找机会在不同的项目中担任不同角色，亲自体验会展项目的各个环节，积累多样的实操经验。第三，要在会展行业建立专业网络，参与行业会议活动，加入相关的社交媒体群体，与行业内的专业人士互动。第四，要精细化技能，包括但不限于团队管理、沟通技巧、时间管理、问题解决等。第五，要主动承担责任，在项目中展示领导潜力，主动提出解决方案，愿意接受挑战，获得更多的机会。第六，要洞察未来趋势，未来的会展行业将受到数字化、可持续性和全球化等趋势的深刻影响。数字化技术将改变参展者和参观者的互动方式，可持续性将成为项目设计和执行的核心考量，全球化将为跨国项目合作提供更多的机会。第七，要拓展全球视野，未来的会展项目经理需要具备跨文化和全球化的视野。随着国际合作和全球项目的增多，项目经理必须能够理解不同文化之间的差异，善于跨国合作。第八，要注重创新与科技的整合，将最新的科技整合到项目中，以提供更引人入胜的体验。第九，要关注可持续发展，社会责任感和可持续性已经成为行业关注的焦点，会展项目经理应当积极推动绿色发展项目，通过可持续性实践为企业赢得声誉。第十，要持续学习和成长。会展行业是一个不断变化和创新的领域，持续学习和成长是建立职业路径的重要组成部分，订阅行业相关的媒体内容，参与在线课程，定期参加行业的研讨会，确保自己始终保持对行业最新动态的敏感性。

锦囊二 从浅入深理解项目成败

会展业已经成为一个充满活力和潜力的行业，越来越多的企业和组织开始关注和参与会展活动。会展活动是一种集信息交流、市场推广、经济贸易于一体的综合性活动，对于一个国家或地区的经济发展具有重要的促进作用。会展项目的成功与否不仅关系到参展商、观众和组织方的利益，还关系到整个国家或地区的经济发展。

随着技术的演进和社会经济结构的转型，会展项目管理正遭遇新的挑战与机遇。数字化技术正从多个维度改变人们的认知习惯和生活方式，并对各个产业产生深刻影响。在会展领域，数字化技术的应用能够提升项目管理的效率，并通过数据分析优化项目策划与执行过程，进而提高项目成功率。然而，数字化进程亦可能引发新的问题，如项目数据安全的保护、大量数据的处理以及人工智能技术在提升项目管理效率方面的应用等。尽管人工智能有助于项目管理者更深入地理解市场趋势，做出更精准的项目决策，自动化处理繁琐任务，提高管理效率，但同时也需认识到人工智能可能带来的问题。例如，过度依赖人工智能可能忽视人的主观能动性，从而影响项目决策的准确性。此外，人工智能的有效运用需要对社会、用户等多方面因素保持敏锐的观察和深入的理解，以便从数据中洞察关键信息。我们必须确保成为工具的主宰者，让工具服务于我们的需求，而不是被工具限制，避免陷入信息茧房，阻碍项目的发展。

会展项目的失败可能由多种因素导致，其中未能达到预期效果是一个普遍存在的问题。这往往源于策划方案的不充分详尽或执行过程中的不足，进而造成实际成果与预期目标之间存在显著差异。此外，沟通不畅亦是关键因素之一，在会展项目中若部门间或团队成员间沟通不顺畅，易导致信息传递出现偏差，信息不及时或不准确，从而对项目的顺利推进产生负面影响。再者，诸如天气、疾病等不可抗力因素亦可能成为项目失败的诱因。例如，展会期间若遇到恶劣天气，可能会对观众的出席率及参展商的展示效果产生不利影响。

为了避免上述问题，预先进行周密的规划和准备至关重要。项目启动前，必须对所需资源及条件进行详尽的调研与分析，并据此制订周详的策划方案及预算计划。其次，构建有效的沟通与协调机制对于确保项目顺利推进至关重要。各相关部门应保持紧密联系与合作，共同应对项目过程中出现的问题。同时，组织方需建立一套完善的反馈体系，及时搜集参展商、观众、承包商等利益相关者的意见和建议，以便对项目进行持续的更新与优化。最后，采取积极主动的应对措施亦是不可或缺的。在项目执行过程中，一旦遇到问题或风险，应立即采取相应措施进行补救和调整。

通常而言，一个成功的会展项目依赖周密的策划和全面的准备工作。一份优秀的策划方案往往是决定项目成功的关键。策划阶段，必须对项目进行详尽的分析，涵盖市场分析、竞争分析以及目标客户分析等，旨在为项目的执行提供坚实的支持。此外，一个成功的项目亦依赖高效的执行团队和周详的执行计划。在项目执行过程中，加强与各相关部门和团队的沟通至关重要，以确保信息的准确传递和问题的及时解决。同时，关注项目中的利益相关者，包括客户、供应商、合作伙伴等，确保他们的需求得到妥善满足，从而提升项目的成功率。

总之，会展项目管理是一个极为复杂且系统性的庞大工程，它不仅涵盖了众多环节，还牵涉诸多难以预测的因素。正因如此，在这一过程中遭遇失败或挫折几乎成为一种不可避免的现象。有些人面对失败时，往往将其视为一种难以承受的耻辱、一种令人沮丧的挫折，甚至将其看作是职业生涯的终结。事实上，失败其实是一种极为宝贵的资源，它蕴含着丰富的经验和教训。只不过，很多时候我们在总结失败时，往往只停留在对表面现象的探讨，诸如计划的不周全、执行力的不足、资源配置的低效等问题，而忽略了失败背后的深层次原因。实际上，失败的本质原因在于缺乏从失败中进行深入分析与总结的过程，未能将失败转化为一种"有效失败"。

要想真正从失败中汲取教训，首先要学会坦然接受失败。理解失败并非罕见之事，而是人生和职场中的一种常态。只有勇于接受失败，才能以更加平和的心态去面对它，进而从中吸取教训。其次要对失败的原因进行深入剖析。仅仅停留在表面现象的归因是远远不够的，必须透过现象看本质，找到问题的根源所在，这样才能有针对性地制订解决方案，避免重蹈覆辙。最后，也是最为关键的一步，那就是要将失败中获得的经验和教训切实应用到未来的行动中。只有通过不断的反思、改进和提升，才能在经历失败之后逐步走向成功。这一过程不仅是对个人能力的锤炼，更是对职业素养的全面提升。期望学习者从挫败经历中汲取成长的养分，将所受的教训转化为宝贵的经验，将未知的领域变为已掌握的知识，将模糊不清的表述变为明晰的概念，从而逐步从"有效失败"中迈向成功，并在激烈的市场竞争中崭露头角。

拓展阅读：
▶ 项目实践中的 ◀
常用术语

参考文献

[1] 钱省三. 项目管理[M]. 上海：上海交通大学出版社，2006.

[2] 陈池波，崔元峰. 项目管理[M]. 武汉：武汉大学出版社，2006.

[3] 张捷雷. 会展管理实训教程[M]. 南京：东南大学出版社，2009.

[4] 张风林. 会展词语手册[M]. 长春：吉林电子出版社，2011.

[5] 上海市标准化研究院. 展览业标准化综论：《经济贸易展览会术语》国家标准解读[M]. 北京：中国标准出版社，2011.

[6] 沃尔夫戈·普尔曼. 展览实践手册[M]. 黄梅，译. 武汉：湖北美术出版社，2011.

[7] 魏炜，朱武祥，林桂平. 商业模式的经济解释：深度解构商业模式密码[M]. 北京：机械工业出版社，2012.

[8] 王春雷. 展览项目管理：从调研到评估[M]. 北京：中国旅游出版社，2012.

[9] 陈春花. 经营的本质[M]. 北京：机械工业出版社，2013.

[10] 项目管理协会. 项目管理知识体系指南（PMBOK®指南）[M]. 5版. 北京：电子工业出版社，2013.

[11] 马蒂内利，米洛舍维奇. 项目管理工具箱[M]. 陈丽兰，王丽珍，译. 2版. 北京：电子工业出版社，2017.

[12] 刘明广，罗巍. 国际会展业经典案例[M]. 北京：清华大学出版社，2019.

[13] 肖葱，罗明志. 会展策划与管理[M]. 武汉：华中科技大学出版社，2019.

[14] 江金波. 会展项目管理：理论、方法与实践[M]. 2版. 北京：清华大学出版社，2020.

[15] 张凡，张岚. 展览项目管理[M]. 武汉：华中科技大学出版社，2021.

[16] 陈先进，桑敬民，屠建卿. 上海会展业发展报告(2022)[M]. 上海：上海科学技术文献出版社，2022.

[17] 张欣建，王尚君. 中国大型会展节事案例分析[M]. 武汉：华中科技大学出版社，2023.

[18] 杨顺勇，邓逊. 会展项目管理[M]. 上海：复旦大学出版社，2023.

[19] 吴红霞. 会展项目策划与管理[M]. 北京：清华大学出版社，2024.

[20] 丁蓉贵. 项目管理知与行[M]. 北京：电子工业出版社，2023.

《会展项目管理手册》

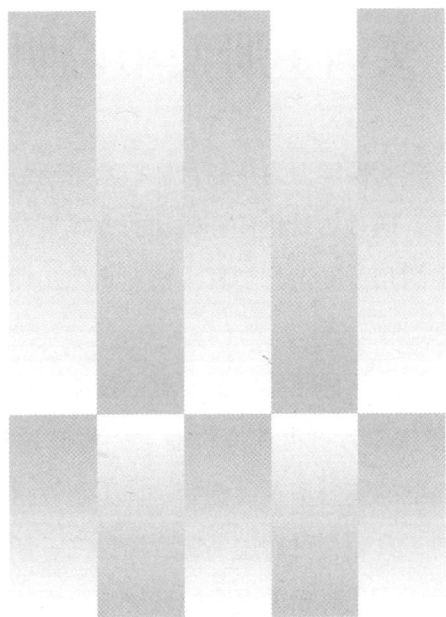

项目实训手册

姓名：＿＿＿＿＿＿＿＿　班级：＿＿＿＿＿＿＿＿

化学工业出版社

·北京·

《会展项目管理手册》
实训手册使用说明

本实训手册以培养实操能力为核心目标，紧密围绕会展项目全流程的典型工作场景展开设计，通过场景化任务驱动的方式贯穿学习路径，旨在帮助读者系统消化教材中的相关知识与工具，精准掌握从项目策划到执行落地的操作逻辑与专业技能。

手册中每个工作任务均按照"知识要点—技能训练—成果输出"的逻辑进行设计。读者可根据学习进度或岗位需求，对应教材中的策略与工具模块，在手册中找到匹配的实操场景。例如，在了解教材中"平衡资源"的策略和"组织管理"的工具后，可通过手册"场景二·任务一"的"明晰项目组织结构"实训任务，深化对相关概念的理解与应用。读者既可以通过"技能训练"板块的单一任务练习，掌握单个工作环节的操作流程；也可以利用不同场景的"灵活搭配"，串联多项任务，培养全流程思维。此外，手册内置大量可复用的实操工具模板（表格型/流程型/文档型）。读者可直接调用模板，结合具体项目参数填充，形成符合行业规范的实操文档。因此读者可以按"知识→工具→场景→任务"的顺序学习，每完成一个场景实训后，再对照教材相关内容查漏补缺，并将成果纳入个人项目管理案例库。

本手册注重"做中学"的沉浸式体验，建议读者在实训过程中主动对标行业标准，通过不断积累迭代自身理念与技能，为从事会展项目管理相关工作奠定坚实基础。

目录

场景一　项目分析与启动

任务一　项目机会的识别

识别项目机会是项目成功的起点。对于不同类型的项目机会，需深入分析其特点，确保准确把握市场需求，为后续项目策划与实施奠定基础。

第一，重点洞察实体商品展示与销售的需求。我国作为制造业强国，拥有丰富多样的商品种类，从家居用品、个人护理产品等小型的生活日用百货，到大型机械设备、汽车等重型工业产品，均成为会展项目的重要展示内容。这些商品不仅展示了我国制造业的雄厚实力，也反映了各行各业的创新成果和发展趋势。针对不同会展项目的特定定位及目标受众的差异，需制定相应的商品筛选与评价标准。例如，对于面向专业人士的技术展会，应侧重展示高精尖的技术产品和解决方案；而对于面向普通消费者的生活用品展会，则应注重产品的实用性和市场接受度。通过科学合理的筛选与评估，确保会展项目能够精准地满足不同观众的需求，提升展会的整体效果和影响力。

第二，重点洞察服务产品展示与营销的需要。随着产业结构的持续优化与升级，现代服务产品，例如旅游路线、留学交流、教育服务、科技咨询等，在会展项目中的展示与营销地位愈发重要，这些服务产品代表了行业发展的前沿趋势。产品展示成为企业提升品牌形象、拓展市场渠道的关键手段，其展示比例不断攀升，从最初的边缘配角逐渐转变为会展项目中的核心亮点，吸引了大量参展商和观众的目光。从项目签约数量与金额来看，现代服务产品在会展项目市场中的占比逐年提升，已成为不可或缺的重要组成部分。同时，这些展会所展示的现代服务产品与技术，也在不断推动着行业的发展与创新，引领着新的发展趋势。

第三，深入洞察各级政府组织宣传的需求。各级政府举办的会展项目涵盖公益性集会、纪念性集会、福利性展销以及其他彰显政府导向的活动，均以突出社会效益为核心。这些活动不仅承载着传递政策信息、普及公共服务的重要使命，更是政府与民众互动交流的桥梁。通过精心策划和组织，这些会展项目能够有效展示政府的政策导向和服务宗旨，增强公众对政府工作的理解和支持。无论是旨在弘扬社会主义核心价值观的公益性集会，还是纪念重大历史事件的纪念性集会，或是推广民生福利的展销活动，都在不同层面体现了政府的关怀与责任。

技能训练

　　请选择一个你熟悉或感兴趣的行业，结合该行业的现状和发展趋势，分析可能存在的项目机会。

任务二　项目可行性研究

个人或组织可能同时面临很多个项目机会，但是有限的资源迫使个人或组织进行项目研究和选择。选择的基本原则是符合社会发展需求和个人或组织的利益。完成该工作通常分三步。

一、背景性研究

根据市场环境、竞争环境、举办地条件、自身资源要素来分析情况，明确会展项目的大小、类别、地域等，明确项目主办者的需求与目标。

二、策略性分析

围绕项目要素目标，将会展项目的市场、资源、投入、产出以及利益相关者等方面进行组合，设计出各种可供选择的方案。然后对备选方案进行详细讨论、比较，通过SWOT分析❶等定性与定量方法，推荐1～2个备选方案，提出各个方案的优缺点，供决策者选择。

三、可行性方案

进一步明确项目的具体范围，并对项目的经济与财务情况做出评价。通过对项目类型、产业标准、地理细分、行为细化、技术方案、进度管控、资金情况、风险控制等因素的深入分析，编制可执行的计划方案，包括项目执行团队组建以及项目任务细化。

会展项目可行性研究报告包括以下内容：

1. 总论（引言）

此部分包括但不限于项目背景、主题等内容。

2. 会展项目目标和范围

此部分包括但不限于项目的主要目标、子项目标、项目范围、举办意义等内容。

3. 相关数据分析

此部分包括但不限于全国性或区域性宏观经济社会资料、统计数据、增长业绩等；相关产品或服务的供需情况、销售渠道、目标群体、市场趋势、国内外竞争分析等内容。

---

❶ SWOT分析法是一种战略分析工具，通过评估优势（Strengths）、劣势（Weaknesses）、机会（Opportunities）和威胁（Threats），帮助组织或个人全面了解内外部环境与条件，制定有效策略。

4. 实施可行性

此部分包括但不限于地址、规模、合作方、团队组织、营销手段、资源、实践与质量规划等内容。

5. 投资效益分析

此部分包括但不限于成本计算、销售额、利润与收益预测等内容。

6. 风险分析与评估

此部分包括但不限于分析风险来源、性质、特征等，评估风险的危害及等级，提出风险规避方法等内容。

技能训练

假设你正在为校园旧物交换集市进行可行性研究，请分析相关要素后撰写一份简要的可行性分析报告。

　　会展项目启动，是指会展项目获得批复并正式进入运作的初始阶段。项目启动是正式授权开展项目的关键节点。在项目启动过程中，应充分挖掘历史经验，并将其应用于项目定义，以降低不确定性，为项目寻找有价值的借鉴。

　　随着《商品展销会管理办法》文件的废止，会展活动的管理规范主要散布于部门规章、地方法规以及多领域的监管政策之中。鉴于会展活动具有跨部门、多环节的特性，合规要求必须综合考虑大型活动安全、消防、广告、检验检疫、环保、出入境管理等多个维度的法律法规。这就要求主办方全面梳理政策红线，精确对接商务、公安、文化、市场监管等部门的管理流程，以确保项目合法合规推进。通常，为避免资源浪费，同类展览在同一省、自治区、直辖市及副省级市原则上每年不得超过两个。这一规定要求主办方必须充分考虑同类会展在本省、本地的历史举办情况以及未来的办展计划，确保展会的独特性和市场需求的匹配度。

　　当会展项目获得批复或备案，就正式进入运作的初始阶段——项目启动，这也是正式授权开展项目的关键节点。在项目启动过程中，应充分挖掘历史经验，并将其应用于项目定义，以降低不确定性，为项目寻找有价值的借鉴。

一、启动形式

　　根据项目的具体性质和需求，启动方式呈现出多样化的特点。启动方式分为启动专题会和评审报告两种具体形式。启动专题会是一个重要的项目启动环节，它不仅用于正式发布项目的概况信息，如项目的背景、目的和意义，还会详细阐述项目目标，包括短期目标和长期目标，以及明确项目的起止时间，确保所有参与人员对项目的时间节点有清晰的认识。此外，启动专题会还邀请项目相关方代表出席，通过面对面的交流和讨论，进一步凝聚共识，为项目的顺利推进奠定坚实基础。

　　项目评审报告是在项目阶段性工作结束后的一项重要工作。它通过对启动阶段的工作进行全面、细致的评估，总结经验教训，查找不足之处，并为下一阶段工作的顺利开展提供有力的数据支持和理论依据。评审报告不仅会详细记录启动阶段的工作成果，还会针对发现的问题提出具体的改进建议和解决方案，并提供针对性的支持和引导，帮助项目团队更好地应对挑战，确保项目能够按照既定计划稳步推进，最终实现项目的预期目标。通过这种方式，项目团队可以不断优化工作流程，提升工作效率，为项目的成功实施提供有力保障。

二、具体内容

启动阶段需明确项目的工作范围，涵盖项目目标、项目范围和输出三个关键方面。首先，需深入细致地明确项目需求，确保每一个细节都得到充分考虑。其次，确立具体且可衡量的项目目标，为项目的成功奠定坚实基础。接着，定义项目相关方的期望值，确保各方对项目的期望达成一致。此外，还需详细描述基本的项目范围，避免后期出现范围蔓延的问题；选定基本的项目组成员，确保团队成员具备所需的技能和经验；明确项目经理的职责和权限，确保项目管理的有效性；确定需交付的文档清单及交付时间。最终，由管理层、委员会及项目经理共同确认，确保项目启动的合法性和合规性。

在项目启动阶段，需要准备一系列规范性的文档，以明确项目的目标、范围、资源、风险和管理流程。以下是项目启动阶段常见的文档清单。

1. 项目章程

项目章程是项目启动阶段的核心文件，用于正式授权项目的启动，并明确项目的基本信息和目标。内容包括项目名称和背景、项目目标与范围、项目关键里程碑、项目预算、项目干系人、项目经理及其权限、项目评估标准。

2. 项目范围说明书

详细描述项目的范围，包括项目的边界、交付成果和限制条件。内容包括项目目标、项目交付成果、项目范围（包含内容和不包含内容）、约束条件、项目验收标准。

3. 干系人登记册

记录项目相关干系人的信息及其对项目的影响和期望。内容包括干系人姓名及联系方式、干系人的角色和职责、干系人对项目的影响程度和兴趣程度、干系人期望和需求、干系人沟通偏好。

4. 初步风险登记册

记录项目启动阶段识别的初步风险。内容包括风险描述、风险发生的可能性、风险的潜在影响、风险应对策略。

5. 项目管理计划框架

项目管理计划的初步框架用于概述项目的管理流程和方法。内容包括项目管理流程（如进度管理、成本管理、质量管理等）、项目沟通计划（初步）、项目资源分配计划（初步）。

6. 可行性研究报告

分析项目的可行性，评估项目的技术、经济和操作可行性。内容包括项目背景和需求分析、技术可行性分析、经济可行性分析（成本效益分析）、操作可行性分析（资源、时间、人员等）。

7. 初步沟通计划

描述项目启动阶段的沟通策略和方法。内容包括干系人沟通需求、沟通渠道（如会议、邮件、报告等）、沟通频率和时间表、责任人。

8. 项目启动会议记录

记录项目启动会议的主要内容和决策。内容包括会议时间、地点和参与人员，项目目标和范围，项目关键里程碑和时间表，项目团队分工和职责，主要风险和应对措施。

9. 初步资源计划

描述项目启动阶段的资源需求和分配。内容包括人力资源需求（团队成员及其职责）、物资和设备需求、预算分配（初步）。

10. 项目合同或协议

内容包括项目目标和范围、项目交付成果、时间表和预算、双方的权利和义务、违约条款。

技能训练

　　请为你策划的校园主题会展项目制订项目启动计划，以确保项目顺利推进并达到预期目标。

场景二 项目人力资源配置

任务一 明晰项目组织结构

在项目管理的繁杂架构内，合理的人力资源调配无疑是项目得以顺利开展的关键所在，而清晰界定项目组织结构则是这一关键环节的首要步骤。

项目组织结构，作为项目管理的基础架构，宛如精密仪器的框架，清晰界定了项目中各个角色的职责范畴、权力边界以及彼此间的关联。在这一关键架构里，项目发起人、投资方、委托人和项目经理这几个角色，犹如支撑大厦的重要支柱，起着举足轻重的作用。

项目发起人，是项目的倡导者与推动者，既可能源自组织内部的战略决策层，也可能是敏锐洞察商机的外部力量。他们需深入钻研项目的市场需求，探究其技术可行性，评估经济效益等多方面因素，通过全面且细致的评估，审慎决定项目是否启动。一旦项目获批，项目发起人还需勾勒项目的总体目标，搭建战略计划框架，为项目后续的征程指明清晰的方向。

投资方，在项目管理中，投资方绝非仅仅扮演资金提供者的单一角色，还全方位监督、评估项目实施过程，确保项目沿着符合预期收益的轨道前行。在项目组织结构中，投资方与项目发起人紧密协作，共同为项目的资金保障与发展方向把关。

委托人，作为项目服务的最终接纳者或项目成果的直接使用者，可能是组织内部的特定部门，也可能是外部客户，对项目成果有着明确且具体的需求与期望。从项目规划的蓝图绘制，到执行阶段的步步推进，再到最终验收环节，委托人全程参与，确保项目成果契合其需求。

项目经理，是项目组织结构中的核心执行者与协调者，需具备卓越的组织能力、沟通技巧以及问题解决能力，以应对项目管理中的种种挑战。项目经理需精准解读项目发起人的战略意图，将其转化为可操作的项目计划，并带领团队高效执行。在项目推进过程中，项目经理还需与投资方保持密切沟通，确保项目资金的有效利用，同时积极回应委托人的需求与关切，确保项目成果满足其期望。此外，项目经理还需妥善协调项目团队内部及与其他相关方的关系，营造和谐的合作氛围，促进项目目标的顺利达成。

当项目组织结构清晰明了后，项目发起人、投资方、委托人将携手合作，选定一位项目经理，赋予其引领项目后续执行的重任。明晰项目组织结构是项目人力资源配置的先行关键。明确各方职责与角色，能为项目的顺利开展筑牢组织根基。

在会展项目中，组织结构的设计通常根据项目的规模、复杂性和目标来决定。小型项目常采用职能型组织结构；中型项目常采用矩阵型组织结构；大型项目常采用矩阵型、网络型或混合型组织结构。

以下是会展项目中常见的组织结构及特点对比：

组织结构名称	特点	适用场景
职能型	按照职能部门划分，团队成员根据各自的专业领域承担职责	适用于小型或中型会展项目，资源有限且任务较为明确
矩阵型	团队成员同时接受来自项目负责人和所在职能部门负责人的双重领导，需根据项目实际协调资源与工作	适用于资源共享、任务复杂的大型会展项目
网络型	通过外包或合作的方式，将部分职能交由外部团队完成	适用于资源有限的小型会展项目，或需要高度专业化服务的项目
混合型	结合职能型和网络型的特点，根据项目需求灵活调整	适用于超大型或国际性会展项目，涉及多方合作和复杂任务

1. 职能型组织结构的主要部门及职责

项目管理部：负责整体项目规划、进度控制和资源协调。

市场推广部：负责宣传推广、媒体合作、观众邀请。

展览设计与搭建部：负责展台设计、搭建和场地布置。

运营管理部：负责现场管理、观众流线设计、服务设施安排。

财务部：负责预算编制、成本控制和财务结算。

安全保障部：负责安全管理、安保人员安排、应急预案制定。

2. 矩阵型组织结构的主要部门及职责

职能部门：提供专业支持（如市场推广、设计搭建、安全保障等）。

项目团队：负责具体的项目执行，协调各职能部门的资源。

项目经理：负责跨部门协调，确保项目目标达成。

3. 网络型组织结构的主要部门及职责

核心团队：负责项目总体规划、协调和监督。

外部合作方：展览设计公司，负责展台设计与搭建。市场推广公司，负责宣传推广和媒体合作。安保公司，负责现场安保和安全管理。物流公司，负责物资运输和存储。

4. 混合型组织结构的主要部门及职责

核心管理团队：负责项目总体规划和决策。

职能部门：负责提供专业支持（如市场推广、设计搭建、安全保障等）。

外部合作方：负责特定任务的执行（如物流、安保、宣传等）。

项目团队：负责具体的项目执行和跨部门协调。

技能训练

　　假设你是某项目的负责人，请根据你的项目特质设计一个恰当的组织结构，并明晰角色定义。

任务二　选拔项目经理

根据会展项目需求的来源、级别、性质、复杂程度及重要性等多元化因素，选择不同的项目经理选拔机制，确保选拔出最合适的项目经理。

第一，公开招聘法。依据会展项目需求，制定详细的简历筛选标准。从多个维度对简历进行评估，筛选符合条件的候选人，然后由公司高层领导、人力资源专家等从不同角度对候选人进行全面评估。可以将选拔过程和最终结果在公司内部进行公开公示，包括候选人的基本信息、各项测试成绩、面试评价等，确保选拔过程的透明度和公正性。公示期设置为几个工作日，以便公司员工监督和反馈。

第二，领导委任法。由公司高层领导基于对候选人综合素质和业务能力的深入了解，提出人选建议，随后由人事部门进行详尽的考察和评估，最终正式任命。在领导推荐过程中，需要组织高层领导之间进行关于选拔和评估标准的共识会议，确保各位领导对项目需求和候选人标准有统一的认识。通过讨论和交流，避免因领导个人偏好导致推荐偏差，形成对候选人全面、客观的评估。人事部门在完成考察评估后，将候选人的详细考察报告提交给公司决策层。决策层根据考察结果，结合项目需求和公司战略目标，进行集体讨论和决策。决策过程需遵循公司既定的决策程序，确保任命决策的科学性和公正性。需要注意的是，通常在正式任命前，公司高层领导需要与候选人进行深入沟通，明确项目的目标、任务、期望以及公司对项目经理的要求。同时，了解候选人对项目的理解和工作计划，确保双方在项目目标和工作方向上达成一致。通过沟通，增强候选人对项目的责任感和使命感，为项目的顺利开展奠定良好基础。

第三，基层推荐法。由公司内部的各个基层单位，依据员工在实际工作中的具体表现以及对其未来发展潜力的综合评估，慎重推荐出若干名符合条件的候选人。公司的人事部门会全面汇总来自各基层单位的推荐意见，并在此基础上启动一套严格且规范的考核程序。该程序不仅包括对候选人过往业绩的细致评估，还涵盖对其综合素质的全面测评，旨在多维度、全方位地考察候选人的能力和潜力。经过这一系列严谨的考核环节后提出拟聘人选名单，并将该名单提交至上级部门进行进一步的审核与批准，确保整个选拔过程的公正性和透明性。

技能训练

请列出项目经理在项目中的主要职责。

任务三　组建项目团队

在组建项目团队的过程中，一方面需要全面而深入地考虑团队的使命与任务，确保团队成员对围绕使命形成的共识有清晰的认识，同时还要仔细斟酌团队中不同角色的设定及其相互之间的融合与共事方式；另一方面，还需对会展项目的各类利益相关者进行深入研究，在切实保障这些利益相关者利益的前提下，明确团队应承担的责任和义务。在团队组建的实践中，常用的方法包括任务导向法、价值观共识法以及角色界定法。

任务导向法：首先要明确任务，即对项目任务进行细致而全面的梳理和分析；接着要深入研究完成这些任务所需的各项技能，确保团队具备或能够培养这些技能；在此基础上，进一步制定具体的目标和详尽的工作程序，以确保任务顺利完成；最后，根据上述分析和规划，物色和选拔合适的团队人选。

价值观共识法：侧重在团队成员之间就共同的价值观和某些基本原则达成广泛共识。因此，团队建设的主要任务就是致力于建立这种共识。这包括明确团队的目标、价值观以及指导方针等核心要素。此外，团队共识还必须具备一定的弹性和发展潜力，以便在未来能够适应新的情况和新的环境。

角色界定法：通过设定团队中不同角色的职责、行动及其特征来组建团队的一种方法。在定义角色的过程中，根据不同层次、不同干系人的相关性来设定不同维度、不同类型的角色，以确保团队成员各司其职、协同配合。继而根据这些角色的设定，进一步明确项目的时间管理要求，确保项目进度有序推进，各项任务按时完成。

技能训练

假设你需要组建一个跨部门的项目团队，请制订一份团队组建计划，包括团队目标和成员职责。

场景三 项目财务资源配置

任务一 确定筹资方式

　　首先，必须明确并确定适当的资本需求量，即预测筹资规模。资金的合理控制是至关重要的，必须将其严格限定在一个合理的范围内。通常情况下，在具体项目的时间区间内，资金量过少或资金到位的时间出现延迟，会对项目的顺利进行产生极为不利且难以估量的负面影响。需要特别明确的是，无论选择何种渠道或者采用哪一种具体方式来筹集资金，都不可避免地需要付出相应的代价。因此，必须进行全面而细致的综合考察，充分利用各种可行的筹资渠道和方式，深入研究各种资金来源之间的比例关系及具体构成，从而选择出最优的筹资渠道与筹资方式，以有效降低资金成本，力求以最小的机会成本来换取最大的经济利益。

　　在项目资金的投入过程中，不仅要充分考虑筹资的数量问题，还要高度重视资金投入的时间节点。因此，合理配置资金的来源结构显得尤为重要。这就要求正确运用负债经营策略，精准掌握自有资金与借入资金之间的比例关系，同时也要合理安排长期资本与短期资本之间的比例，以确保资金结构的优化和资金使用的效率。

　　一般来说，对于非营利性的会展项目，其资金的主要来源通常包括主办单位的拨款、各类赞助收入以及社会捐赠收入等。而对于营利性的会展项目，其筹资方式则更加多样化，涵盖了短期借款、商业赞助等多种途径。通常情况下，只有那些规模较大的会展项目才适合采用长期筹资的方式，例如奥运会等大型国际赛事可以通过发行债券的方式进行筹资。相比之下，小型的会展项目由于偿债能力和信用风险等因素的限制，通常不适合采用长期筹资的方式。不管最终选择何种筹资渠道或者筹资方式，都必须清醒地认识到，大部分筹资方式都是有偿的，并且不可避免地会产生一定的机会成本。因此，在筹资决策过程中必须综合考虑各种因素，力求实现资金筹集与使用的最优化。

技能训练

　　请列出至少3种可行的筹资方式，并分析其适用性。

任务二　制订成本预算

项目成本估算是制订成本预算的首要工作，是在深入且细致地分析项目内在因素和外在环境条件变化的基础上，全面综合现有的各类材料信息，并运用科学合理的方法，对未来一定时期内可能产生的成本进行系统性的预测和详尽的估算。在初步完成项目成本估算的工作之后，为了能够为会展项目的成本管理制订出一个科学合理的基准计划，必须着手为会展项目进行预算的合理分配、明确各项成本定额以及整个活动的总预算，同时还需要明确规定会展项目在应对突发情况时应急费用的具体划分和使用规则等一系列细致入微的工作。项目成本预算实际上是将前期项目成本估算的结果进一步细化和具体化的过程。

成本估算的工作在项目建议书拟定的初期就需要全面展开。通常情况下，一个项目的费用构成主要包括直接费用和间接费用两大方面。其中，直接费用涵盖了人工费、材料费、设备使用费、分包合同费等多个具体细项；间接费用则包括合同管理费、施工管理费、预备费等相对隐性的费用。在进行成本估算时，一般要求相关专业人员比照已经完成的类似项目的实际成本数据，来估算新项目的成本。此外，也可以在系统总结和分析大量历史项目成本数据的基础上，依据费用与某些物理、性能等技术参数之间的内在关系，估算出相应成本。

鉴于此，为确保项目成本预算所设定的各项目标成本能够顺利实现，必须以货币形式详细规划项目在预定期间内的各项生产开支及各类商品的具体成本标准，并将这些资料以正式的书面文件形式传递至各执行单位与部门，使其成为计划执行及后续评估的关键依据。预算与估算在本质上存在显著差异，预算实际上是一种衡量资源实际使用量与计划使用量之间差异的基准线，它更多地表现为一种约束性的机制。项目预算所涉及的各类人员职能，都必须在这一既定的约束范围内进行规范化的行动，以确保项目成本管理的有效性和可控性。

×××会展项目预算类目（提纲性示例）❶

一、**场地费用小计：**_____元

　　1.场地租赁费：_____元

　　2.场地布置费（如舞台、展位搭建等）：_____元

　　3.场地清洁费：_____元

　　4.场地押金：_____元

---

❶ 此模板可作为编制会展项目预算的基础框架，具体内容可根据项目规模、类型和需求进行细化和补充。

5. 其他场地相关费用：_____元

二、宣传推广费用小计：_____元

1. 宣传材料设计与制作（如海报、宣传册等）：_____元

2. 媒体广告投放（如线上广告、电视、广播等）：_____元

3. 社交媒体推广费用：_____元

4. 公关活动费用（如新闻发布会）：_____元

5. 其他宣传费用：_____元

三、人员费用小计：_____元

1. 工作人员工资（全职/兼职）：_____元

2. 志愿者补贴：_____元

3. 培训费用：_____元

4. 差旅费（交通、住宿、餐饮等）：_____元

5. 其他人员相关费用：_____元

四、设备租赁及技术支持小计：_____元

1. 音响设备租赁：_____元

2. 灯光设备租赁：_____元

3. 视频设备租赁（如投影仪、LED屏幕等）：_____元

4. 网络及通信设备费用：_____元

5. 技术支持服务费：_____元

6. 其他设备相关费用：_____元

五、物料制作费用小计：_____元

1. 展位搭建材料：_____元

2. 参展商标识牌及指示牌制作：_____元

3. 参会证件及胸牌制作：_____元

4. 礼品及纪念品制作：_____元

5. 其他物料费用：_____元

六、交通及物流费用小计： _____ 元

    1. 物料运输费用：_____ 元

    2. 参展商及嘉宾接送费用：_____ 元

    3. 停车费用：_____ 元

    4. 其他交通相关费用：_____ 元

七、餐饮及接待费用小计： _____ 元

    1. 嘉宾及参展商餐饮费用：_____ 元

    2. 工作人员餐饮费用：_____ 元

    3. 茶歇及饮品费用：_____ 元

    4. 接待礼仪费用：_____ 元

    5. 其他接待相关费用：_____ 元

八、保险及安全费用小计： _____ 元

    1. 活动保险费用：_____ 元

    2. 安保人员费用：_____ 元

    3. 消防及应急设备费用：_____ 元

    4. 其他安全相关费用：_____ 元

九、行政及其他费用小计： _____ 元

    1. 项目管理费用：_____ 元

    2. 行政办公费用（如打印、文具等）：_____ 元

    3. 政府审批及许可证费用：_____ 元

    4. 不可预见费用（预留5%～10%）：_____ 元

    5. 其他行政相关费用：_____ 元

    总预算：_____ 元

技能训练

    假设你需要为一个儿童书展项目制定成本预算，请列出项目的主要成本项，并估算每项成本的金额。

场景四　项目计划编制

任务一　明确项目目标

　　会展项目计划是对项目未来行动进程的前瞻性规划和系统性设计，旨在为整个项目的顺利推进勾勒出一条精确且可行的路径。其构建基础在于项目策划阶段所选定的特定主题，这一主题不仅决定了会展的核心内容和方向，也为后续的各项工作提供了明确的指导框架。在此基础上，首要任务是确立会展项目的总体目标。该总体目标是一个综合性的概念，涵盖了会展项目预期达成的多维度成果，包括但不限于会展项目规模的量化指标，如参展面积、展位数等；参展商及观众的质量与数量预期，如知名企业的参与度、专业观众的到场率等；品牌形象塑造的定位与期望，如品牌知名度的提升、市场影响力的扩大等。这些目标维度相互关联、相互影响，共同构成一个有机整体，为整个项目提供了明确的战略导向和行动指南。

　　与此同时，为确保项目在各个阶段能够有序、高效地推进，需进一步细化各阶段的具体目标。会展项目通常具有复杂性与阶段性的特征，不同阶段面临不同的任务与挑战，因此，明确各阶段目标显得尤为重要。例如，在筹备前期，主要目标应集中在场地选择与租赁合同签署，确保展会地点的适宜性和合同条款的合理性；同时，还需制定初步的宣传推广策略，为展会预热造势。进入筹备中期，重点工作应聚焦于参展商的邀请与确认，确保参展商的质量和数量达到预期；此外，还需规划展品运输方案，确保展品能够安全、及时地抵达展会现场。临近展会开幕阶段，则需着重确保设施设备的正常运行，避免技术故障影响展会效果；同时，还需全面到位地开展工作人员培训，提升工作人员的专业素质和服务水平；最后，还需进行宣传推广冲刺，吸引更多观众到场参观。

　　为使项目团队成员对这些目标形成清晰、准确且一致的理解，需要以书面形式详细阐述目标，包括清晰界定目标的具体内容，明确每个阶段、每个环节的具体任务和要求；阐释目标设定的背景、意义及预期成果，帮助团队成员理解目标背后的战略考量和实际意义，有效避免因理解偏差导致的工作失误，从而提升项目执行效率。

　　可以采用MoSCoW方法将各种目标进行优先级划分，帮助明确项目目标的核心内容和次要内容。其中，M（Must Have）表示项目必须实现的目标；S（Should Have）表示项目应该实现的目标，但非关键；C（Could Have）表示项目可以实现的目标，但优先级较低；W（Won't Have）表示项目暂时不需要实现的目标。

××书展目标划分文档（提纲性示例）

（本文档是基于MoSCoW方法对××书展的目标进行优先级划分，确保资源合理分配，明确核心目标与次要目标，从而提升书展的组织效率和效果。）

一、Must Have（必须实现的目标）

这些目标是××书展成功举办的核心，必须优先实现，若未达成将直接影响书展的基本功能和效果。

①吸引广泛的参展商和出版机构：确保国内外知名出版商、书店和文化机构参与，展现书展的权威性和影响力。

②提供高质量的展览场地和服务：包括场地布置、展位搭建、基础设施（如照明、网络）和清洁服务。

③确保观众流量和参与度：通过宣传和推广，吸引至少××万人次参观，提升书展的社会影响力。

④举办重点文化活动：如新书发布会、作家签售会、主题论坛等，突出书展的文化价值。

⑤保障安全和秩序：包括现场安保、消防措施、应急预案等，确保书展期间的安全运行。

二、Should Have（应该实现的目标）

这些目标对××书展的成功有重要作用，但若未完全实现，不会直接导致书展失败。

①提升数字化体验：提供线上购票、虚拟展览和直播功能，扩大书展的受众范围。

②加强国际化合作：邀请更多国际出版机构和作家参与，提升书展的国际影响力。

③优化观众体验：提供便捷的交通指引、餐饮服务和休息区，提升观众的参观舒适度。

④推动阅读推广活动：与学校、图书馆合作，开展青少年阅读推广活动，扩大书展的社会效益。

三、Could Have（可以实现的目标）

这些目标是锦上添花的内容，若资源允许可实现，但优先级较低。

①开发书展周边产品：设计和销售书展纪念品，如文创产品、限量版书籍等，增加书展的商业价值。

②设置互动体验区：如沉浸式阅读体验、AR/VR技术展示等，吸引年轻观众参与。

③提供多语言服务：为国际观众提供英语、日语等语言的导览和服务支持。

④建立长期合作机制：与参展商和文化机构签订长期合作协议，为未来书展奠定基础。

四、Won't Have（暂不实现的目标）

这些目标在××书展中暂不考虑实现，可能因资源限制或优先级较低而被推迟到未来。

①全面实现碳中和书展：书展暂未完全实现碳中和。

②大规模海外分展场：由于预算和资源限制，本次书展暂不在海外设立分展场。

③引入大型娱乐活动：如音乐会、电影放映等，但应避免分散书展的文化主题。

通过MoSCoW方法的划分，××书展的目标得以明确优先级，确保资源集中于核心目标，同时兼顾次要目标的实现。未来可根据资源和需求调整"Could Have"和"Won't Have"目标的实现计划，以持续提升书展的影响力和社会价值。

项目目标不仅包括最终目标，也包括为达到最终目标而必须实现的各个阶段性目标。这些阶段性目标如同一个个里程碑，指引着项目团队稳步前行。此外，还需要根据团队架构对不同的目标进行二次拆解，将宏观目标细化为具体的任务和责任，分配给每个团队成员。通过明确每个成员的职责和任务，确保每个人都清楚自己的工作内容和目标，从而形成合力，共同推动项目顺利实施。

技能训练

请拟定一个文化宣传类会展项目的主题，并根据项目需求设定一个总体目标和三个具体目标。

任务二　明晰项目任务

在明确了各项具体任务之后，为了实现对项目进度的有效管控，必须精确地确定每一项任务的起始时间、持续时间以及结束时间。起始时间的精确设定，不仅有助于合理配置各类资源，避免资源的闲置或过度集中，还能确保项目在初始阶段就步入正轨；持续时间的准确预估，则需要综合考虑任务的复杂程度、所需资源的数量与质量、团队成员的工作效率以及潜在的风险因素等多方面因素，以确保任务在预定时间内顺利完成；而结束时间的明确界定，则为任务执行设定了清晰的时间节点，有助于增强项目团队成员的紧迫感与责任感，促使他们更加高效地完成任务。

因此，在资源分配过程中，需要细致考虑如何将人力、物力和财力资源通过工作细分，科学合理地分配给最合适的工作。在分配资源时，应充分考虑每项工作的性质、工作量的大小、人员应具备的基本素质、物力和财力资源的具体要求。例如，对于技术含量较高的任务，应优先分配给具备相应专业技能的人员；对于物资需求较大的任务，则需确保物资供应的及时性和充足性。

需要注意的是，将工作细分后，还必须在各项具体活动之间建立严密的逻辑关系。这些逻辑关系是项目计划安排中各项目之间前后衔接的前提，确保各项工作能够有序推进，避免出现混乱和延误。继而，根据任务的具体要求和过往的经验，确认完成每一项任务所需的时间，并制订出详细的时间表。

对每项任务时间进度的严格把控，如同为项目的顺利推进搭建了一套精准的时间管理框架，确保项目管理过程有条不紊地进行，各个环节紧密衔接，最终助力项目目标的顺利实现。只有当每一项任务都严格按照预定的时间与质量要求完成，整个会展项目才能按照预期成功举办，达成预期的战略目标，并取得良好的社会效益，从而为项目的成功奠定坚实的基础。

会展项目管理任务清单（示例）

日期：_____　　　　　　　项目名称：_____（具体会展名称）

项目负责人：_____　　　　项目周期：_____

一、前期筹备阶段

1.项目规划与目标设定

①明确会展主题和目标。

②制订会展总体计划和时间表。

③确定预算范围并分配资金。

2. 场地选择与确认

①筛选合适的会展场地（规模、位置、设施）。

②与场地方洽谈并签订租赁合同。

③确认场地布置方案（展位布局、舞台设计等）。

3. 参展商与合作伙伴招募

①制订参展商招募计划。

②联系潜在参展商并发送邀请函。

③确认参展商名单并签订合作协议。

4. 宣传推广

①制订宣传推广计划（线上与线下）。

②设计并制作宣传材料（海报、宣传册、广告等）。

③开展社交媒体推广活动。

④联系媒体合作伙伴，发布新闻稿。

5. 人员安排与培训

①招募工作人员和志愿者。

②制订人员分工和职责清单。

③开展会展相关培训（如接待礼仪、应急处理等）。

6. 供应商与服务商选择

①确定设备租赁供应商（音响、灯光、视频设备等）。

②确定餐饮服务商和物流供应商。

③签订服务合同并确认交付时间。

二、会展执行阶段

1. 场地布置与搭建

①按照设计方案布置展位、舞台和其他区域。

②安装音响、灯光、视频设备等技术设施。

③确保场地清洁和安全检查通过。

2. 参展商与嘉宾接待

①确认参展商和嘉宾的行程安排。

②提供接待服务（如交通、住宿、餐饮）。

③分发参展证件和相关资料。

3. 活动执行与管理

①按计划开展各项活动（如开幕式、新品发布会、论坛等）。

②现场协调和管理，确保活动顺利进行。

③处理突发事件和紧急情况。

4. 观众服务

①设置观众接待处，提供咨询服务。

②确保观众流线顺畅，避免拥堵。

③提供餐饮、休息区和其他配套服务。

5. 安全与秩序维护

①安排安保人员，确保现场秩序。

②检查消防设施和应急通道。

③处理现场突发安全事件。

三、会展收尾阶段

1. 撤展与场地清理

①协调参展商撤展工作。

②归还租赁设备并清点物资。

③清理场地并恢复原状。

2. 数据收集与分析

①收集参展商和观众的反馈意见。

②统计参展商数量、观众流量和活动参与度。

③分析会展效果并撰写总结报告。

3. 费用结算

①核对各项费用并完成结算。

②向参展商和合作伙伴发送发票或收据。

③确保所有合同义务履行完毕。

4. 总结与评估

①召开总结会议，评估会展的成功与不足之处。

②制订改进计划，为未来会展提供参考。

③保存会展相关资料（合同、照片、数据等）。

备注：每项任务需明确负责人、完成时间和所需资源，还可以借助一些任务管理软件跟踪任务进度。

技能训练

假设你需要为一个新生培训项目明晰任务，请根据项目目标，列出主要任务和子任务，并为每个任务分配负责人和规定完成时间。

任务三　编制项目范围计划

项目范围计划详细涵盖了所交付的产品或服务应当具备的各项特征和功能，以及为了成功实现这些产品或服务而必须完成的具体工作内容。具体而言，在明确了会展项目的目标之后，需要清晰地界定出为达成这些项目目标必须进行的各项具体工作，这些工作的总和即项目范围。

项目范围计划的核心内容主要包括以下几个方面。

①参会者和参展商的相关信息，包括他们的类型、层次和数量等详细数据；

②专业观众和普通观众的分类信息，涵盖他们的类别、购买能力、决策能力以及数量等关键指标；

③需要制定与之相匹配的营销策略，以确保会展组织者能够获得稳定的收入来源；

④需与会展服务的总承包商或分承包商签订相关合同，以便为参会者、参展商和观众提供全方位的服务，这些服务可能包括展品运输、展台搭建、保险、清洁、餐饮、邮寄等多样化的服务内容；

⑤展会现场的管理工作也是项目范围计划的重要组成部分，包括但不限于现场秩序维护、安全保障等；

⑥在会展活动结束后对展会环境、展览工作以及展览效果进行全面而细致的评估。

在编制项目范围计划的过程中，可以通过以下几个关键方面来确认项目的范围。

①精确描述项目目标，确保所有相关方对目标有清晰一致的理解；

②明确列出可交付物，即项目最终需要产出的具体成果；

③标定项目进程中的重大事件（里程碑），以便于跟踪项目进展；

④需详细说明相关要求，确保项目实施过程中的要求和标准得到严格执行；

⑤项目限制条件也需明确，包括工期限制、资源限制和范围限制等。

会展项目范围计划（提纲性示例）

项目名称：＿＿＿＿＿＿（具体会展名称）　　编制日期：＿＿＿＿＿＿

项目负责人：＿＿＿＿＿＿　　　　　　　　　　项目周期：＿＿＿＿＿＿

一、项目背景与目标

1. 项目背景

本次会展旨在促进文化交流，推动出版行业发展，展示最新出版物和技术（简要说明会展项目的背景，例如行业需求、市场趋势或客户要求）。

2. 项目目标

①举办一场高质量的会展，吸引国内外参展商和观众。

②提供一个展示、交流和合作的平台，提升行业影响力。

③实现以下目标：吸引××家参展商，实现观众流量××万人次，举办×场主题论坛和活动。

二、项目范围说明

1. 会展内容范围

展览主题：＿＿＿＿＿＿（如出版物展示、文化交流、技术创新等）。

展览形式：实体展览，如展位展示、舞台活动、互动体验区等；线上展览，如虚拟展厅、直播活动等。

活动内容：开幕式、闭幕式，新书发布会、签售会，行业论坛、圆桌会议，观众互动活动。

2. 参展商与观众范围

参展商：国内外出版机构、书店、文化公司、教育机构等；技术服务商（如数字出版、AR/VR技术公司）。

观众：专业观众，出版行业从业者、学者、媒体代表等；普通观众，书迷、学生、家庭等。

3. 场地范围

主会场：＿＿＿＿＿＿（如上海国际会展中心）。

分会场：＿＿＿＿＿＿（如线上虚拟展厅或其他城市分展场）。

配套区域：观众接待区、餐饮区、休息区、媒体中心等。

4.时间范围

筹备阶段：_____ 至 _____。

会展执行阶段：_____ 至 _____。

收尾阶段：_____ 至 _____。

三、项目交付成果

1. 主要交付成果

①场地布置完成，包括展位搭建、舞台设计、设备安装等。

②宣传材料设计与发布，包括海报、宣传册、线上推广内容等。

③活动策划与执行，包括开幕式、论坛、新书发布会等。

④数据报告，包括参展商名单、观众流量统计、活动反馈等。

2. 次要交付成果

①会展纪念品设计与制作。

②线上展览平台搭建与维护。

③会展总结报告与改进建议。

四、项目范围边界

1. 包含的内容

①会展的策划、组织、执行和收尾工作。

②场地租赁、布置和设备租赁。

③宣传推广和媒体合作。

④参展商和观众的接待与服务。

2. 不包含的内容

①参展商的个性化展位设计与搭建（由参展商自行负责）。

②观众的交通和住宿安排（由观众自行解决）。

③会展期间的非官方活动（如私人聚会）。

五、项目范围管理

1. 范围变更控制

①所有范围变更需提交书面申请，并经项目负责人审批。

②变更申请需说明变更原因、影响范围和资源需求。

③变更审批后，更新范围计划并通知相关团队。

2. 范围确认

①项目范围需在筹备阶段与主要利益相关者确认，包括主办方、参展商和合作伙伴。

②定期召开会议，确保范围执行符合计划。

六、项目限制

预算限制：_____（如总预算不超过××万元）。

时间限制：会展必须在_____（如×××年××月××日）前完成。

场地限制：场地面积为_____平方米，需合理分配展位和功能区。

七、范围计划确认

确认人：_____　　　　　　　　　确认日期：_____

备注：本范围计划为会展项目的基础文件，后续如有调整需提交变更申请并更新本计划。

技能训练

　　假设你是项目负责人，需要为一个校园文化展示项目拟定范围计划，请列出项目的主要内容（如活动、交付成果），并明确项目的边界（包含的内容与不包含的内容）。

任务四　编制项目进度计划

进度计划不仅详细地展示了会展项目中各项工作的开展顺序，还精准地标注了每项工作的开始和完成时间，以及它们之间错综复杂的衔接关系。这一计划对于确保项目顺利进行至关重要。根据不同的管理需求，进度计划可以细分为总体进度计划、分项进度计划、年度进度计划等多种类型。总体进度计划从宏观角度出发，对整个会展项目的工作流程和资源分配进行全局性的安排，确保项目整体目标的实现；而分项进度计划则更为具体，它针对每一项工作制订详尽的执行方案，确保每一个细节都不被忽视。

编制进度计划的过程通常采用倒推方法进行预设，这种方法从项目的最终目标出发，逐步倒推至具体的各项工作。具体步骤如下。

①依据会展项目的整体描述，明确项目的总体目标和关键节点；

②细化具体的工作描述，这一步骤要求对每一项工作的内容、标准及相关条件进行详尽的描述，形成工作描述文档；

③编制工作责任分配表，明确各部门和个人的职责分工；

④确定各项工作的先后顺序，确保工作流程的合理性和高效性；

⑤估算每项工作所需的时间，从而科学地安排进度。

其中，工作描述是整个进度计划编制过程中的关键环节，它围绕任务交付物，对相关工作标准及相关条件进行细致入微的描述，确保每一个参与人员都能清晰地理解自己的工作内容和要求。将所有工作描述汇总后，即可形成一份详尽的项目工作列表，这份列表将成为后续工作安排的重要依据。

随后，将各项分解的工作逐一落实到具体的部门和个人，这一步骤不仅要求明确各部门和个人的具体任务，还要详细标示出有关部门或者个人对各项工作的关系、责任和地位，确保每一个环节都有专人负责，避免出现职责不清的情况。最后，为了使进度计划更加直观和易于理解，可以选用甘特图、里程碑计划、计划表等多种形式，将上述内容进行清晰、系统的展示，便于项目管理者随时掌握项目进展情况，及时调整和优化工作安排。

会展项目进度计划表（示例）

项目名称：_____（具体会展名称）　　编制日期：_____

项目负责人：_____　　　　　　　　　项目周期：_____

阶段	环节	任务名称	开始日期	结束日期	负责人	备注
前期筹备阶段	项目目标与计划制订	明确会展主题与目标	2026-02-10	2026-02-15	项目经理	
		制订总体计划与时间表	2026-02-16	2026-02-20	项目经理	
	场地选择与确认	筛选会展场地并签订合同	2026-02-21	2026-02-28	场地负责人	
		确认场地布置方案	2026-03-01	2026-03-05	场地负责人	
	参展商招募	制订参展商招募计划	2026-03-06	2026-03-10	招募负责人	
		联系参展商并发送邀请函	2026-03-11	2026-03-31	招募负责人	
		确认参展商名单并签订协议	2026-04-01	2026-04-10	招募负责人	
	宣传推广	制订宣传推广计划	2026-03-15	2026-03-20	宣传负责人	
		设计并制作宣传材料	2026-03-21	2026-04-05	宣传负责人	包括海报、宣传册等
		开展线上与线下宣传活动	2026-04-06	2026-05-10	宣传负责人	
	人员安排与培训	招募工作人员和志愿者	2026-03-25	2026-04-10	人力负责人	
		开展会展相关培训	2026-04-11	2026-04-20	人力负责人	包括接待礼仪、应急处理等
	供应商选择	确定设备租赁与服务供应商	2026-03-20	2026-03-30	采购负责人	
		签订合同并确认交付时间	2026-03-31	2026-04-05	采购负责人	

阶段	环节	任务名称	开始日期	结束日期	负责人	备注
会展执行阶段	场地布置与搭建	按设计方案布置展位与舞台	2026-05-01	2026-05-05	场地负责人	
		安装音响、灯光、视频设备	2026-05-06	2026-05-08	技术负责人	
		确保场地清洁与安全检查	2026-05-09	2026-05-10	场地负责人	
	参展商与嘉宾接待	确认参展商与嘉宾行程安排	2026-05-01	2026-05-08	接待负责人	
		提供接待服务（交通、住宿等）	2026-05-09	2026-05-10	接待负责人	
	活动执行与管理	开幕式与主题活动执行	2026-05-11	2026-05-12	活动负责人	
		举办论坛、新品发布会等活动	2026-05-13	2026-05-15	活动负责人	
		现场协调与突发事件处理	2026-05-11	2026-05-15	项目经理	
	观众服务	设置观众接待处与咨询服务	2026-05-10	2026-05-15	服务负责人	
		提供餐饮与休息区服务	2026-05-11	2026-05-15	服务负责人	
	安全与秩序维护	安排安保人员与秩序维护	2026-05-10	2026-05-15	安保负责人	
		检查消防设施与应急通道	2026-05-10	2026-05-11	安保负责人	

续表

阶段	环节	任务名称	开始日期	结束日期	负责人	备注
会展收尾阶段	撤展与场地清理	协调参展商撤展工作	2026-05-16	2026-05-17	场地负责人	
		归还租赁设备并清点物资	2026-05-16	2026-05-18	采购负责人	
		清理场地并恢复原状	2026-05-18	2026-05-19	场地负责人	
	数据收集与分析	收集参展商与观众反馈	2026-05-16	2026-05-20	数据负责人	
		统计观众流量与活动参与度	2026-05-16	2026-05-20	数据负责人	
		撰写会展总结报告	2026-05-21	2026-05-25	项目经理	
	费用结算	核对各项费用并完成结算	2026-05-20	2026-05-25	财务负责人	
	总结与评估	召开总结会议并评估会展效果	2026-05-26	2026-05-27	项目经理	
		制订改进计划并保存资料	2026-05-28	2026-05-30	项目经理	

编制人：_____
审核人：_____
日期：_____

技能训练

　　假设你是项目负责人，请根据你熟悉的一个会展项目列出其主要任务及时间安排，并制订一份进度计划表。

场景五　项目的监管

任务一　项目进度控制

项目进度控制涵盖了从项目启动实施直至完成总结评价及后续工作的各个阶段，主要包括准备阶段的进度控制、实施阶段的进度控制和后续阶段的进度控制。无论处于哪个阶段，进度控制的本质都是对会展项目的实际进度情况进行审视，以确保其与计划相符。因此，在日常工作中，项目管理人员必须高度重视基础记录工作，全面了解并掌握每项活动的实际进度情况。这包括但不限于活动的实际持续时间、实际开始和结束时间，以及已完成和尚未完成的活动清单。这些基础数据是后续进度控制和调整的重要依据。

第一，在会展项目正式实施前的准备阶段，项目管理人员需要客观地编制会展阶段进度控制工作细则，明确各阶段的任务、责任和时间节点。同时，还需编制或审核会展总进度计划和日程安排，确保各项活动的安排合理且可行。此外，还需对各部门的工作实施进度计划进行审核，确保各部门的计划与总体进度计划相协调。

第二，进入会展项目的实施阶段后，项目管理人员应要求各部门严格按照计划定期汇报工作进展情况，确保信息的及时性和准确性。同时，还需根据项目的实际进展情况和各部门的反馈，定期或不定期地召开部门工作会议，及时沟通协调并解决存在的问题。一旦发现实际进度与目标计划出现偏离，项目管理人员必须迅速采取措施进行纠正，如调整资源分配、优化工作流程等，以确保各项工作能够沿着既定的轨道顺利推进。

第三，在会展项目基本完成任务后，进度控制的工作并未结束。此时，项目管理人员需要及时组织专业团队对整个会展项目进行全面而深入的评估，总结经验教训并提炼成功经验。同时，还需对本次会展的相关资料进行细致整理，包括文档、数据、图片等，确保这些资料的完整性和准确性。此外，还需及时将有关信息向客户通报，并将客户档案和总结评估报告整理归档，为未来的项目提供宝贵的参考资料。最后，根据实际实施进度和各部门的表现，项目管理人员还需对相关人员进行答谢和表彰，以激励他们继续努力并为未来项目的顺利开展注入动力。

进度偏差分析与调整方案（提纲性示例）

一、进度偏差分析

1. 当前进度状况

①计划进度：任务A，原计划完成时间为2025年2月15日；任务B，原计划开始时间为2025年2月16日，完成时间为2025年2月20日。

②实际进度：任务A，实际完成时间为2025年2月20日，延迟5天；任务B，尚未开始，受任务A延迟影响。

2. 偏差原因分析

（1）任务A延迟原因

①资源不足：关键人员未能按时投入任务。

②技术问题：任务A中涉及的技术环节出现问题，导致进度延误。

③沟通不畅：任务A的负责人未及时报告进度问题，导致延误未能提前预警。

（2）任务B受影响原因：任务B依赖任务A的完成，任务A延迟直接导致任务B无法按计划启动。

3. 影响分析

①关键路径影响：任务A和任务B均在项目的关键路径上，任务A的延迟直接导致项目整体工期延长5天。

②资源影响：任务B的资源分配可能需要重新调整，避免后续任务进一步延误。

③成本影响：延迟可能导致额外的资源投入和成本增加。

二、调整方案

1. 调整目标

①确保任务B尽快启动并完成，尽量减少对项目整体工期的影响。

②优化资源分配，避免后续任务受到进一步影响。

③提高进度监控和沟通效率，防止类似问题再次发生。

2. 调整措施

①任务A的收尾工作：加派人手完成任务A的剩余工作，确保任务A在2025年2月20日完成；对任务A的技术问题进行复盘，确保后续任务不再出现类似问题。

②任务B的调整：调整任务B的开始时间为2025年2月21日，结束时间为2025年2月25日；增加资源投入（如增加人员或延长工作时间），确保任务B按调整后的时间完成。

③后续任务的优化：对非关键路径上的任务进行压缩或调整，腾出更多资源支持关键路径上的任务；优化任务间的依赖关系，减少后续任务对任务B的依赖程度。

3. 资源调整

①人力资源：调配其他团队的人员支援任务A和任务B；增加外部资源（如聘请外部专家或临时人员）解决技术问题。

②时间资源：延长任务B的每日工作时间（如加班或分两班制）；压缩非关键任务的工期，为关键任务腾出时间。

4. 进度监控

①进度跟踪：每日召开进度会议，更新任务A和任务B的完成情况；使用甘特图或进度表实时监控任务进展。

②风险预警：设置进度偏差阈值（如延迟超过1天需立即上报）；建立快速响应机制，及时处理新的进度问题。

三、调整后的进度计划

任务名称	原计划时间	调整后时间	调整措施	负责人	备注
任务A	2025-02-10至2025-02-15	2025-02-10至2025-02-20	增加人手，加快收尾工作	任务A负责人	技术问题已解决
任务B	2025-02-16至2025-02-20	2025-02-21至2025-02-25	增加资源，延长工作时间	任务B负责人	确保按调整后时间完成
后续任务	2025-02-21起	2025-02-26起	压缩非关键任务工期	项目经理	确保整体工期不延长

四、预期效果

①通过调整任务B的时间和资源分配，预计项目整体工期延误可控制在2天以内。

②通过优化后续任务的安排，确保项目最终按计划完成。

③通过加强进度监控和沟通效率，降低后续任务延误的风险。

本次进度偏差主要由于资源不足和技术问题，调整方案已尽量减少对项目整体工期的影响。今后需加强任务间的沟通与协调，确保问题及时上报和解决。并且定期复盘进度控制过程，优化资源分配和任务安排。

技能训练

如何通过进度跟踪方案确保任务进展符合计划呢？

任务二　项目质量控制

会展项目的质量控制主要包括两个方面的内容：一是项目本身的质量是否能取得权威机构的支持、是否代表该行业的发展方向、是否获得国际有关机构的资格认可等；二是项目工作人员本身的工作质量，这要求严格考核项目工作人员是否具备专业素养，能否为参展商、观众等提供优质且全方位的服务。具体而言，工作人员需在展会筹备过程中，从展位规划、展品运输协调，到参展商接待等各个环节，展现出专业的业务能力；在展会现场，能够及时、高效地解决各类突发问题，为观众提供热情、周到的引导与讲解服务。为保障工作人员的服务质量，应在项目启动初期，制订详细的人员培训计划，包括专业知识培训、服务技巧培训等，并定期进行考核评估，确保工作人员能力符合项目要求。

不同阶段进行质量控制的侧重点不同。在项目决策阶段，进行质量控制主要是使项目的质量要求和标准符合项目所有者的意图，并确认与项目的其他目标相协调，与项目环境相协调。此阶段质量控制的核心目标是使项目的质量要求和标准高度契合项目所有者的意图，并确保其与项目的其他目标相互协调，同时适应项目所处的内外部环境。具体操作上，首先要深入开展市场调研，收集大量与项目相关的市场信息、行业趋势以及潜在参与者的需求偏好等数据。通过数据分析与专家论证，明确项目所有者对于项目质量的期望，如展会的规模、展示内容的专业性、品牌形象定位等。随后，将这些质量要求与项目的预算、时间进度等其他目标进行综合权衡，确保各目标之间不存在冲突与矛盾。同时，对项目所处的政策环境、经济环境、社会文化环境等进行全面分析，使项目质量标准在符合所有者意图的基础上，能够顺应外部环境的发展变化。例如，在决定举办一场文化艺术会展时，需考虑当地文化政策的支持方向、经济发展水平对参展商和观众消费能力的影响，以及当地文化艺术氛围对项目主题和形式的接受程度等因素，从而确定既满足所有者期望，又与其他目标及环境相协调的质量标准。

在项目设计阶段，需要使项目质量符合项目要求，符合环境和所有者要求。在设计过程中，要组建专业的设计团队，包括会展策划师、空间设计师、技术专家等，从不同专业角度对项目进行全方位设计。针对项目本身的要求，设计师需深入了解展会的主题、展品特点以及预期的展示效果，设计出合理的展位布局、展示流程以及互动环节，确保项目能够准确传达信息，吸引目标受众。同时，要充分考虑项目所处的环境因素，如场地的空间结构、周边交通条件、气候特点等，对设计方案进行优化调整。例如，若展会场地空间有限，设计师需巧妙运用空间布局技巧，在有限空间内实现最佳展示效果；若场地位于交通枢纽附近，需考虑人流疏导问题，合理规划出入口与通道。此外，密切与所有者沟通，及时了解所有者对项目的个性化需求与期望，如特定品牌元素融入、特殊功能区域设置等，并将这些需求融入设计方案中，确保最终设计成果符合各方要求。

在项目实施阶段，主要是确认项目交付物的质量符合当初设计技术的要求。在制订详细的质量检查计划的基础上，明确检查的时间节点、检查内容以及验收标准。例如，对于展会搭建工程，在基础结构搭建完成后、装饰装修完成后以及整体完工前等关键节点，分别进行质量检查。检查内容包括结构安全性、材料质量、施工工艺等方面，依据设计图纸和相关行业标准进行验收。同时，引入专业的第三方质量检测机构，对项目交付物进行定期抽检和关键环节的专项检测，确保质量检测的公正性与专业性。对于施工过程中发现的质量问题，及时下达整改通知，明确整改责任人与整改期限，并跟踪整改情况，直至问题彻底解决。此外，加强对原材料和设备的质量把控，从采购环节开始，严格审核供应商资质，要求提供产品质量证明文件，对进场的原材料和设备进行严格的检验与测试，确保其性能和质量符合设计要求。

质量检查计划（提纲性示例）

一、计划目标

①确保项目交付成果符合既定质量标准和客户需求。

②通过系统化的质量检查，及时发现并纠正质量问题，避免影响项目进度和成本。

③提高项目团队的质量意识，确保项目整体质量管理的有效性。

二、质量检查范围

1. 检查对象

①项目交付成果（如产品、服务、文档等）。

②项目执行过程中的关键活动（如设计、开发、搭建、实施等）。

③项目使用的资源（如材料、设备、工具等）。

2. 检查内容

①是否符合项目质量标准和技术规范。

②是否满足客户需求和合同要求。

③是否存在潜在的质量风险或隐患。

三、质量检查标准

1. 依据文件

①客户需求文档和合同要求。

②行业标准和技术规范（如ISO标准、国家标准等）。

2.检查指标

①准确性：交付成果是否准确无误。

②完整性：交付成果是否包含所有必要内容。

③一致性：交付成果是否符合既定标准和规范。

四、质量检查流程

①制订检查计划：确定检查对象、检查内容、检查标准和时间安排。

②准备检查工具：准备检查所需的工具、模板和记录表格。

③执行检查：根据检查计划逐项检查交付成果或执行过程，记录检查结果。

④分析检查结果：对检查中发现的问题进行分类和分析，评估其影响范围和严重程度。

⑤提出整改措施：针对发现的问题制订整改计划，并分配责任人和规定完成时间。

⑥验证整改结果：对整改后的成果进行复查，确保问题已解决且符合质量要求。

⑦总结与报告：编写质量检查报告，总结检查结果和改进建议。

五、质量检查时间安排

①前期检查（检查项目计划、设计方案是否符合标准）：××××年××月××日至××××年××月××日（检查人：×××）。

②中期检查（检查执行过程中的中间成果和执行过程）：××××年××月××日至××××年××月××日（检查人：×××）。

③最终检查（检查最终交付成果是否符合质量要求）：××××年××月××日至××××年××月××日（检查人：×××）。

④整改复查（对整改后的成果进行复查）：××××年××月××日至××××年××月××日（检查人：×××）。

六、质量问题处理流程

①问题记录：记录检查中发现的所有质量问题，包括问题描述、发生位置和影响范围。

②问题分类：根据问题的严重程度和影响范围进行分类（如高、中、低优先级）。

③制订整改计划：针对每个问题制定整改措施，明确责任人和完成时间。

④实施整改：按计划实施整改措施，确保问题得到解决。

⑤验证整改：对整改后的成果进行复查，确保问题已解决且符合质量要求。

技能训练

如何确保质量监管计划覆盖项目的所有关键阶段呢？

任务三　项目成本控制

确保成本控制的有效性，关键在于及时进行成本绩效分析，尽早识别成本差异及成本执行中的低效环节，以便在问题恶化之前采取必要的纠正措施。在这个过程中首先要建立成本监控体系，包括详细的成本监控计划、监控的时间间隔、监控的具体指标以及负责监控的人员，来确保定期对项目各工作包的成本进行统计，监控指标包括实际成本、预算成本、成本偏差率等。通常可以选择挣值分析法（Earned Value Analysis，EVA）对成本绩效进行分析。通过计算计划价值（PV）、挣值（EV）和实际成本（AC），得出成本偏差（CV = EV - AC）和进度偏差（SV = EV - PV）等关键指标，直观地反映项目成本和进度的执行情况。

在执行过程中，首先要识别变动因素并对其加以影响。识别可能引起项目成本基准计划发生变动的因素，并对这些因素施加影响，以使该变化朝着有利的方向发展。项目成本基准计划的变动可能源于多种因素，如市场原材料价格波动、项目范围变更、人力资源调整、政策法规变化等。组织项目团队成员、相关专家以及利益相关者进行头脑风暴会议，全面梳理可能影响成本的因素。针对识别出的变动因素，制定相应的应对策略，施加积极影响。对于市场原材料价格波动，可以与供应商签订长期稳定的供应合同，锁定价格；或者建立价格预警机制，当价格达到一定阈值时，及时调整采购计划。对于项目范围变更，严格执行变更控制流程，要求变更提出方提交详细的变更申请，评估变更对成本、进度和质量的影响，经相关部门审批后方可实施。

继而发现偏差并寻找偏差原因。以工作包为单位，监督成本基准计划的实施情况，发现实际成本与预算成本之间的偏差，查找出产生偏差的原因，做好实际成本的分析评估工作。这需要将项目分解为多个工作包，为每个工作包设定明确的预算成本，并以此为基础进行成本监控。在项目执行过程中，定期收集每个工作包的实际成本数据，与预算成本进行对比。例如，利用项目管理软件，实时记录每个工作包的成本支出情况，生成成本报表，直观展示实际成本与预算成本的差异。一旦发现成本偏差，就需要组建专门的分析小组，从多个维度深入查找偏差产生的原因。从资源使用角度，检查是否存在资源浪费、资源效率低下的情况，如人员闲置、设备利用率不高。从项目进度角度，分析进度延误是否导致成本增加，如赶工费用的产生。从外部环境角度，考虑市场价格波动、政策法规变化等因素对成本的影响。例如，若某个工作包实际成本高于预算成本，经分析发现是施工人员操作不熟练，导致返工次数增加，从而增加了人工成本和材料成本。

最后有针对性地纠偏。对发生成本偏差的工作包实施管理，有针对性地采取纠正措施，必要时可以根据实际情况对项目成本基准计划进行适当的调整和修改，同时要确保所有的有关调整都准确地记录在成本基准计划中。根据偏差产生的原因，对发生成本偏差的工作包实施精准管理，制定有针对性的纠偏措施。如果是资源浪费导致的成本超支，可加强资源管理，制定资源使用规范，提高资源利用效率。若是进度延误导致成本增加，可调整进度计划，合理安排工作顺序，增加资源投入，确保项目按时完成。此外，在必要情况下，根据实际情况对项目成本基准计划进行适当调整和修改。但调整必须谨慎进行，要经过严格的审批流程。首先由项目团队提出调整申请，详细说明调整的原因、调整的内容以及对项目其他方面的影响。然后组织相关部门和利益相关者进行评审，确保调整的合理性与可行性。经批准后，对成本基准计划进行修改，并确保所有相关调整都准确无误地记录在成本基准计划中，同时及时通知项目团队成员和利益相关者，使他们了解计划的变更情况。

项目成本控制计划（提纲性示例）

一、成本控制目标

①确保项目总成本控制在预算范围内（预算金额：＿＿＿＿＿万元）。
②通过有效的成本监控和调整措施，减少成本超支风险。
③提高资源利用效率，优化成本分配，确保项目按时、高质量完成。

二、成本控制范围

①直接成本：材料采购成本、人工成本、设备租赁费用、场地成本等。
②间接成本：管理费用、培训费用等。
③阶段性成本：项目启动阶段、项目执行阶段、项目收尾阶段。

三、成本控制流程

①成本预算编制：根据项目需求和计划，制定详细的成本预算，包括各阶段和各项活动的成本分配。
②成本监控：定期跟踪实际成本支出情况，与预算进行对比，识别偏差。
③成本偏差分析：对成本超支或节约的原因进行分析，评估其对项目整体预算的影响。
④成本调整：根据偏差分析结果，制定调整措施（如优化资源分配、调整任务范围）。
⑤成本报告：定期编制成本报告，向项目团队和管理层汇报成本控制情况。

四、成本控制措施

1. 成本预算管理
①预算分解：将总预算分解到各阶段、各任务，明确每项活动的成本限额。
②预算审批：所有成本支出需经过审批流程，确保符合预算计划。

2. 成本监控措施

①实时跟踪：使用项目管理工具（如Excel、ERP系统）记录和跟踪成本支出。

②定期检查：每周或每月对实际成本与预算进行对比，识别偏差。

③预警机制：设置成本偏差阈值（如超出预算的5%），一旦触发立即上报。

3. 成本优化措施

①材料成本控制：与多家供应商进行价格谈判，选择性价比最高的供应商。

②人工成本控制：合理分配任务，优化工作流程，提高团队工作效率。

③间接成本控制：减少不必要的管理费用和差旅费用，避免过度支出。

4. 成本调整措施

①任务范围调整：在不影响项目目标的前提下，缩减非必要任务或活动。

②资源重新分配：将资源优先分配到关键任务，减少非关键任务的资源投入。

③阶段性复盘：在每个阶段结束时复盘成本支出情况，及时调整后续阶段的预算和计划。

五、成本偏差处理流程

①偏差识别：定期对比实际成本与预算，识别偏差（如超支或节约）。

②偏差分析：分析偏差原因（如材料价格上涨、任务延误等），评估其对项目的影响。

③制定措施：针对偏差原因制定调整措施（如优化采购计划、调整任务范围）。

④实施调整：执行调整措施，并跟踪其效果，确保问题得到解决。

⑤验证结果：对调整后的成本支出进行复查，确保符合预算要求。

技能训练

如何通过成本偏差分析，找出成本超支的根本原因？

场景六 项目的沟通管理

任务一 编制沟通计划

项目沟通计划旨在明确项目团队内部及项目外部利益相关者的信息交流需求，规定在特定时间点，哪些人员需要何种信息，以及信息的传递和获取方式。项目经理应在项目团队成立初期制订详尽的沟通计划，识别项目沟通需求，拟定沟通策略，以确保项目信息的顺畅流通。项目沟通计划应涵盖以下内容：信息的来源、收集方法及渠道（即信息应以何种方式从何处获取）；信息的详细说明（包括信息内容的格式、符号、详细程度等）；信息的接收对象、传递方法及渠道（即信息应以何种方式传递给哪些人）；信息的保存与访问流程（包括哪些信息需要保存、保存的形式、保存期限以及获取信息所需遵循的程序）；沟通进度的安排（即何时进行沟通，采用何种沟通方式）；沟通计划的变更流程（鉴于项目计划的制订是一个动态过程，沟通计划亦需相应调整，调整时应遵循既定的明确程序）。

第一，项目信息的来源应涵盖项目团队成员的工作汇报、项目文档（包括项目计划、进度报告、预算文件等）、外部供应商提供的资料、客户反馈以及行业研究报告等多种渠道。信息的采集方式应力求多元化，可借助定期的团队会议、一对一的工作汇报沟通、项目管理软件中的任务更新等多种方式。采集的信息需明确其来源。同时，应建立信息采集责任人制度，指定特定人员负责特定来源信息的采集，以确保信息采集的时效性和准确性。

第二，为保证信息的一致性与可读性，特制定统一的格式标准以规范各类信息。例如，项目进度报告应遵循固定的表格格式，其中应包含任务名称、计划起始时间、实际起始时间、计划完成时间、实际完成时间及进度百分比等必要字段；项目文档则应依照统一的文档模板进行编排，该模板应明确标题格式、段落格式以及图表编号规则等。此外，对于项目中所涉及的专业符号及缩写，亦需进行明确的界定。

第三，必须根据项目组织架构及利益相关者分析，明确各类信息的接收方。依据信息的属性及紧迫性，选择恰当的传递手段。对于关键且紧迫的信息，应采取面对面交流、电话会议等实时通信方式；对于常规信息，则可利用电子邮件、项目管理平台公告等途径进行传递。通常情况下，内部信息可通过企业内部通信工具、项目管理平台进行有效传递；而与外部利益相关者的沟通，则可借助正式商务邮件、行业会议、面对面会谈等正式渠道进行。

第四，明确哪些信息需予以保存。通常情况下，项目的关键文件（包括但不限于项目计划、合同文件、变更记录等）、重要决策过程的记录以及各类报告（如进度报告、质量报告、成本报告等）均应妥善保存。应根据信息的性质选择恰当的保存方式。文档类信息可采用电子文档和纸质文档两种形式进行保存，其中电子文档存储于安全的服务器或云存储平台，以便检索和共享；纸质文档则应分类归档，以便查阅。至于多媒体信息，例如项目宣传视频、会议录音等，应按照既定格式存储，并进行元数据标注，以便于识别和检索。同时，应设定不同信息的保存期限，并制定严格的信息访问程序，以确保信息的安全性和保密性。对于不同等级的信息，应设定相应的访问权限。

第五，制订固定的定期沟通计划，如每周的团队例会，用于总结上周工作进展、讨论本周工作计划和解决项目中出现的问题；每月的项目进度汇报会，向项目管理层和主要利益相关者汇报项目整体进展情况。明确会议的时间、地点、参与人员、议程等，确保沟通的规律性和高效性。在项目的关键里程碑节点，如项目启动、需求评审、设计评审、项目验收等阶段，组织专门的沟通会议。会前明确沟通目的和议程，确保相关人员做好充分准备；会后及时整理会议纪要，明确后续行动事项和责任人。除了定期沟通和关键节点沟通外，鼓励团队成员在日常工作中根据实际情况进行灵活沟通。当遇到紧急问题或需要及时协调的事项时，可通过即时通信工具、面对面沟通等方式迅速解决。

第六，当项目范围变更、组织结构调整、利益相关者需求变化等情况发生时，可能需要对沟通计划进行调整。任何对沟通计划的变更都需由相关人员提出正式的变更申请，详细说明变更的原因、变更的内容以及对项目沟通可能产生的影响。项目经理收到变更申请后，组织相关人员（如项目团队核心成员、利益相关者代表等）对变更申请进行评估，分析变更的必要性、可行性以及对项目整体的影响。评估通过后，提交给项目高层管理者或变更控制委员会审批。经审批通过的变更，由专人负责实施，确保沟通计划的相关内容得到准确修改。同时，及时通知所有受影响的人员，确保他们了解沟通计划的变更情况，按照新的沟通计划进行信息交流。

项目沟通计划（提纲性示例）

项目名称：2025年度国际科技创新展览会

项目负责人：_____

一、沟通计划目标

①确保项目相关方之间的信息传递及时、准确、透明。

②明确沟通渠道、频率和责任人，减少信息遗漏和误解。

③提高项目团队协作效率，确保会展项目按计划顺利实施。

二、沟通范围

1. 项目干系人

①内部：项目团队成员、项目经理、公司管理层。

②外部：客户（展会主办方）、供应商（场地、设备、服务提供商）、参展商、媒体、政府监管部门。

2. 沟通内容

①项目进度：任务完成情况、里程碑达成情况。

②项目预算：成本支出、预算偏差。

③风险管理：潜在问题及应对措施。

④资源协调：人员、设备、场地等资源的分配和调整。

⑤其他事项：客户需求变更、突发事件处理等。

三、沟通方式与工具

①会议（现场会议、视频会议）：项目启动、阶段性汇报、问题讨论、决策制定。

②电子邮件：日常沟通、发送正式文件、确认重要事项。

③即时通信工具（微信等）：快速沟通、任务协调、问题反馈。

④项目管理工具（ERP系统等）：任务分配、进度跟踪、文件共享。

⑤报告与文档（Word、Excel、PPT）：项目进度报告、预算报告、风险分析报告。

⑥电话沟通：紧急事项处理、快速确认。

四、沟通频率与责任人

①项目启动会议（项目目标、范围、计划、角色分工）：项目经理。

②周例会（项目进度、问题讨论、任务分配）：项目经理。

③月度汇报会议（项目进展、预算使用情况、风险分析）：项目经理。

④供应商协调会（场地布置、设备安装、服务交付）：供应商协调人（按需设定频率）。

⑤突发事件沟通（突发问题的解决方案、应急措施）：项目经理。

⑥项目收尾会议（项目总结、成果验收、经验教训）：项目经理。

五、沟通流程

1. 日常沟通流程

①信息收集：由项目团队成员收集任务进展、问题和需求。

②信息汇总：项目经理汇总信息，形成沟通材料（如报告、清单）。

③信息传递：通过会议、邮件或即时通信工具将信息传递给相关方。

④反馈与跟进：记录相关方的反馈意见，并制订后续行动计划。

2. 突发事件沟通流程

①事件报告：相关人员第一时间向项目经理报告突发事件。

②快速响应：项目经理召集相关方讨论解决方案。

③信息传递：将解决方案和进展情况及时传递给客户和其他相关方。

④后续跟踪：记录事件处理过程，总结经验教训。

六、沟通记录与存档

1. 记录要求

①所有正式沟通（如会议、报告）需形成书面记录。

②记录内容包括时间、参与人员、沟通内容、决策事项、后续行动计划等。

2. 存档方式

①使用项目管理工具存储沟通记录。

②将重要文件存档至公司共享云盘，确保信息安全和可追溯性。

七、沟通风险与应对措施

①信息遗漏（重要信息未及时传递，导致任务延误或错误）：建立清晰的沟通流程，指定专人负责信息传递。

②沟通不畅（团队成员或相关方之间沟通不及时或不准确）：定期召开会议，使用统一的沟通工具。

③需求变更未沟通（客户需求变更未及时传递给项目团队）：建立需求变更流程，确保变更信息及时传递。

④反馈延迟（相关方未能及时反馈，影响决策和执行）：设置反馈时限，定期跟进反馈情况。

技能训练

针对客户、供应商和项目团队，分别选择合适的沟通方式，并说明原因。

任务二　召开项目会议

在项目管理流程中，会议沟通是最为常用的一种方式。通过项目会议，项目团队能够针对当前阶段项目所面临的问题提出相应的解决策略，对项目进程中出现的冲突制订平衡方案，并激发项目团队产生新的创意。

各类会议因目标不同而内容各异。常见的项目会议类型包括：项目启动大会，在该会议上，将详细阐述项目的整体规划及预期成果，明确项目的发展方向和最终愿景；同时宣布项目团队成员的职责分工，确保每位成员明确自身在项目中的角色与任务，为项目的顺利进行奠定基础。问题解决研讨会，该会议专注于解决项目执行过程中出现的问题。会前，组织者需广泛搜集项目团队成员反馈的问题，并进行分类整理；在会议过程中，针对每个问题进行深入讨论，鼓励成员从不同角度分析问题产生的原因，并提出多种解决方案。项目进度评审会，主要包括对项目进程的阶段性回顾，详细梳理项目从启动到当前阶段所经历的历程，总结取得的成果与经验教训；深入分析项目进度计划的实施情况，对比实际进度与计划进度的差异，明确提前或滞后的部分及原因；针对进度偏差或其他项目执行过程中的问题，探讨并确定项目纠正措施，确保项目回归正轨；同时，制订具体行动计划，明确下一阶段的工作任务、责任人以及时间节点，为项目后续推进提供清晰指引。项目总结大会，在项目结束后召开，全面总结项目的整体情况；回顾项目目标的达成情况，分析项目成功与不足之处，总结项目实施过程中的经验教训，为未来类似项目提供参考借鉴等。

通常情况下，项目会议的召开由项目经理作为会议组织者主导，为了确保会议的质量与效果，必须在各个阶段实施严格的质量控制措施。为此，需做好以下三个方面的准备工作。

一、会前准备

这包括明确会议的目的和议题，深入理解项目当前的状况与需求，精确设定会议目的，例如解决特定问题、决策重要事项、沟通项目进展等；围绕会议目的，精心挑选核心议题，确保议题具体、明确且具有针对性，并将会议目的和议题提前通知参会人员，以便他们有足够的时间准备相关资料与思路。

根据会议目的和议题，仔细挑选参会人员，确保关键人员的参与，并明确他们的职责；准备相关材料，如项目进度报告、成本报表、技术文档、市场调研报告等，并将这些材料提前分发给参会人员，以便他们提前熟悉内容，提高会议讨论的效率；做好会议的各项安排工作，如确定会议的时间、地点、时长等。

合理安排会议时长，根据议题的数量与复杂程度，制定详细的会议议程，明确每个议题的讨论时间，确保会议紧凑有序地进行。

二、会中控制

这包括严格遵守预定的会议时间，准时开始会议，并提前提醒参会人员会议时间。在会议过程中，主持人应引导参会人员紧扣议题进行讨论，避免话题偏离，当讨论出现偏离时，应及时提醒并将话题拉回正轨。

鼓励沟通和交流，营造开放、包容的会议氛围，鼓励参会人员积极发言，分享自己的观点、经验与建议。对于不同意见，主持人应保持中立态度，引导各方进行理性讨论，充分挖掘各种思路与可能性。项目会议中可能会因观点分歧而产生冲突和矛盾，当冲突发生时，主持人应及时介入，保持冷静，避免冲突升级。首先，倾听各方意见，了解冲突的焦点所在；然后，引导各方从项目整体利益出发，客观分析问题，寻求共识。

主持人要时刻关注会议进展，根据讨论情况及时调整节奏。若讨论过于拖沓，可适当加快进度；若某个问题讨论不够深入，可适当延长讨论时间。

在会议结束前，总结会议讨论的主要内容与成果，明确是否达成会议目标。如未达成，确定后续的跟进措施。

三、会后跟进

这包括会议结束后，安排专人负责及时整理会议内容，将会议中的讨论要点、决策结果、问题分析等进行详细记录，确保内容准确、完整。

根据整理的会议内容，起草正式的会议纪要，包括会议基本信息（时间、地点、参会人员）、会议目的、讨论的主要议题、达成的决策结果、确定的行动计划（任务、责任人、时间节点）等内容。同时将会议纪要及时分发给所有参会人员及相关利益者，确保他们了解会议决策与工作要求。

建立有效的跟踪机制，对会议确定的行动计划进行定期跟进，检查任务执行情况。

技能训练

请设计一个30分钟的会议议程模板，确保会议目标明确且时间分配合理。

任务三　撰写项目报告

项目报告作为项目执行过程中向各利益相关者通报项目进展的工具，能够清晰地揭示项目执行现状与既定目标之间的差异，为管理者提供了调整和纠正偏差的依据。

项目报告通常包含以下几类：项目进度报告，侧重展示项目在特定时期内的进展状况，以便利益相关者能够及时掌握项目是否按照既定计划推进；项目总结报告，在项目阶段结束或项目整体完成后撰写，全面回顾项目的整个历程，提炼成功经验与失败教训；项目工作检查报告，专注于对项目各项工作的执行情况进行检查和评估，确保工作成果符合既定标准和要求；突发事件检查报告，在项目执行过程中遇到突发事件时，迅速编制此报告，深入分析事件的起因、产生的影响以及采取的应对措施；变更申请报告，用于向相关方提出项目变更请求，详细说明变更的必要性、影响范围以及对项目目标的调整建议。

项目报告的核心内容通常涵盖以下关键要素，并且在编制这些要素时必须严格保证质量。第一，项目现状的详细描述。该部分应精确反映项目执行的实际情况，涵盖各项任务的完成情况以及资源的使用状况。为保证报告的准确性，编制人员需深入项目现场，收集直接资料。第二，项目进度的明确表述。通过具体展示项目完成工作的百分比，直观反映项目的推进速度。在计算百分比时，必须依据科学且合理的度量标准。同时，将项目实际进度与计划进度进行对比分析，并制作进度对比图表，以清晰揭示两者之间的差异，便于及时发现项目进度的滞后或超前情况。第三，项目质量检测的详细记录。应详细记录项目执行过程中的质量检测数据和结论。质量检测应遵循明确的质量标准和规范，覆盖所有关键环节。报告中不仅要展示检测结果，还应对不合格项进行深入分析，并提出相应的整改措施和预防建议，以确保项目质量始终处于可控状态。第四，项目未来发展的预测。基于项目当前状况，运用科学的分析方法和经验判断，预测未来可能出现的问题，并制定相应的应对策略。

由于项目执行期间可能产生大量项目报告，项目报告的编制过程中必须充分考虑沟通的层级与频率等要素。首先，鉴于不同项目干系人对项目信息的需求及关注点存在差异，报告编制应依据沟通对象的层级进行个性化设计。其次，根据项目特性及项目干系人的需求，确定适当的报告沟通频率。对于进度变动频繁、风险较高的项目，应提高报告频率，例如每周或每两周提交一次进度报告，以便及时识别并解决问题。相对稳定的项目则可适度降低报告频率，例如每月提交一次综合报告。此外，在发生突发事件或重大变更时，应迅速编制专项报告，确保相关方能够立即获得关键信息。再者，报告应力求简洁明了，避免使用过于专业或难以理解的术语。在阐述复杂问题时，应采用通俗易懂的语言进行阐释，确保所有利益相关者均能轻松理解。同时，应充分利用图表形式展示数据，如柱状图、折线图、饼图等，因为图表能直观地展示数据间的关系和变化趋势，从而增强报告的可读性和视觉效果。

××人工智能展项目阶段性（中期）报告（提纲性示例）

一、项目概述

项目目标：成功举办2026年度××人工智能展，吸引全球科技企业、创新团队和观众参与，展示最新科技成果，促进行业交流与合作。

项目周期：2026年1月1日—2026年6月30日。

当前阶段：项目执行阶段（截至2026年2月9日）。

二、项目进展情况

1.已完成的工作

项目启动阶段（2026年1月1日—2026年1月15日）：确定项目目标、范围和关键里程碑。完成项目团队组建，明确角色与职责。制订项目计划，包括时间表和预算分配。

供应商确认与合同签订（2026年1月16日—2026年1月31日）：场地租赁合同签订（展览中心主会场）。确定设备供应商（展台搭建、音响、照明等）。确定服务供应商（安保、清洁、餐饮）。

参展商招募（截至2026年2月9日）：已确认参展商120家（目标为150家）。已完成参展商展位分配80%。

2.进行中的工作

场地规划与设计：场地布局设计已完成初稿，正在与参展商确认细节。展台搭建方案正在审核中，预计2月15日定稿。

宣传推广：已发布首轮宣传海报和新闻稿，覆盖国内外科技媒体。社交媒体推广活动正在进行，已吸引5000多位观众预注册。

风险管理：针对供应商延迟交付的风险，已制订应急预案。正在监控参展商招募进度，确保目标按时完成。

3.存在的问题与挑战

参展商招募进度稍有滞后，当前已确认120家参展商，距离目标150家仍有差距。场地设计反馈周期较长。

三、项目关键指标

指标名称	目标值	当前值	完成率	备注
参展商数量	150家	120家	80%	加强重点企业沟通
场地布局设计完成率	100%	80%	80%	预计2月15日完成
宣传覆盖人数	50000人	30000人	60%	社交媒体推广持续进行
观众预注册人数	10000人	5000人	50%	加强宣传力度

四、下一步计划

1. 短期计划（2026年2月10日—2026年2月28日）

参展商招募：完成剩余30家参展商的确认工作。加强与重点目标企业的沟通，提供定制化参展方案。

场地设计与搭建：确认场地布局设计方案，启动展台搭建工作。与供应商协调搭建时间表，确保按时完成。

宣传推广：发布第二轮宣传内容，重点推广展会亮点和参展企业。启动线下推广活动，吸引更多观众预注册。

2. 中期计划（2026年3月1日—2026年3月31日）

展会筹备：确认所有参展商的展台设计和搭建需求。开展展会工作人员的培训和演练。

风险管理：定期评估项目进展，及时调整计划，应对潜在风险。

五、风险分析与应对措施

参展商招募不足（招募进度滞后，可能影响展会规模和收益）：加强宣传推广，增加与重点企业的直接沟通。

场地搭建延迟（场地设计确认延迟，可能影响搭建进度）：增加设计团队资源，加快反馈处理速度。

宣传效果不佳（观众预注册人数未达预期，影响展会人气）：加大宣传力度，增加线下推广活动。

六、总结

项目整体推进情况良好，启动阶段及供应商确认工作已圆满结束。现阶段的核心任务在于招募参展商以及确认场地设计，必须加快工作节奏以保障后续流程的顺畅进行。同时，应加强与潜在参展商之间的沟通，提供更为灵活的参展方案，以提高招募工作的效率。此外，定期举行项目进度会议，以便及时解决出现的问题并适时调整项目计划。

技能训练

如何清晰地总结项目已完成的工作和正在进行的工作?

场景七　现场管理

任务一　规划会展场地

　　会展场地的规划主要涉及对会展空间的平面布局，包括展览展示区、登记咨询区、接待洽谈区、休息区、办公区、储存区、参观路线以及消防通道等的合理划分与配置。在规划过程中，应从立体视角审视展会的整体空间效果，并科学合理地安排展会空间。具体而言，区域布局应协调一致，空间划分需流畅自然，视野开阔，且色彩与风格设计应与展会主题相契合。

　　展览展示区域作为展会的核心部分，其布局与规划应依据展会的性质、展示内容以及参展商的具体需求进行细致安排。通常情况下，展区依据专业主题进行分区，各分区内部再进一步细化展位。展览展示区除了展示展品外，还承担着吸引客户的重要职责，因此需设置专门的洽谈区域，以便参展商与观众进行交流。对于规模较大的展览活动，展览中心应考虑为参展商提供必要的内部工作区域，如办公室、会议室、维修间等。

　　辅助区域包括休息室、就餐区等，为参展工作人员或观众提供休息及餐饮服务；储存区则用于存放展品、资料及个人用品等。

　　参观路线的设计应清晰明确，避免迂回交叉，并确保展厅或陈列室与门厅、休息厅、楼梯、电梯等设施顺畅连接，以满足参观者的需求。同时，必须注意保持消防通道及紧急出口的畅通无阻。展会空间设计应体现人性化关怀，规划合理的参观路线，结合丰富的展示内容、多感官的展示效果、安全便捷的空间布局以及周到的服务设施，为参展商和观众创造一个舒适和谐的展示环境，使观众在参观过程中能够全面参与展示活动，增强其空间体验。

　　此外，鉴于展示活动中可能涉及各种大型仪器和机械设备，这些设备需要动力支持，因此需将这些空间与展览区域有效隔离，并确保设有充足的疏散通道和应急指示标识，以确保安全防范措施到位。

　　会议场所的布置涉及多个方面，包括与会者登记区的设置、会场内座位的布局、主席台的安排、同声传译室的配置、视听设备监控室的布置、新闻采访拍摄区的规划以及贵宾室的安排等。合理布置会场主要需考虑两大因素：一是会议类型，二是会议规模。

　　会场座位布局形式多样，例如研讨会、交流会通常采用圆桌形、U形或矩形布局，普通规模的会议多采用教室型，而较大规模的会议则多选用剧院型等。与会者登记区一般设于会场外显眼位置（如会议室门口附近），以便与会者签到并领取相关会议资料。主席台作为会议的核心区域，通常应面向会场主入口，主席台的席位座次需严格按照顺序安排，有时还需在主席台右前方设置发言席。会议现场会有众多媒体记者前来报道，因此需划设专门区域供记者拍摄和采访。该区域的布局既要便于媒体工作，又不能干扰其他与会者观看会议播放的投影、视频等，通常设于会议后排或两旁通道以及主席台与主座位之间的廊道。对于需要同声传译服务的国际会议，还需在现场布置同声传译工作室。此外，根据会议的具体需求，应安排适量的贵宾室或分会议室，并设置独立的茶歇区，为与会者提供舒适的休息环境。

为了保证良好的会议效果和给与会者营造一个舒适的参会空间，会场空间的布设要贯彻人本理念，讲究科学性、合理性和艺术性。会场的空间设计要符合人体工程学的要求标准，如主席台与参会者的距离、与会者座位之间的间隔、过道宽窄要合理，屏幕面积与会场规模相适应等，给与会者提供更好的空间和视线。另外，为烘托或渲染会议气氛，所做的装饰要做到视觉形象统一设计，会场布置要处处体现会议活动的主题及信息的传达。最后，会场需要有良好的隔音和灯光系统、温控系统。

技能训练

针对观众流线设计，如何避免入口和出口区域的拥堵？

检查施工现场

在会场布置及展览布展的关键阶段，由于参与会议设计与展台搭建的企业种类繁多，常见的安全隐患包括私自乱接电源、展台材料不符合消防安全标准、特装展位用电超出规定负荷以及安全通道被堆放物品阻塞等问题。为消除上述风险，必须从以下几个方面强化施工现场的管理措施。

第一，安排专业人员值班和巡查。会展中心或活动主办方应选拔具备丰富经验且具有强烈责任感的人员，负责值班与巡查任务。这些人员必须接受专业的安全培训，对展馆布局、消防设施位置、安全规章制度以及排查安全隐患的方法应有充分了解。应制定详尽的巡查检查清单，明确每次巡查应检查的具体项目，涵盖电气设备运行状态、材料堆放规范性、安全通道是否畅通无阻、消防设施是否处于完好状态等。同时，应设定巡查的频率，在布展高峰期，每小时全面巡查一次；在非高峰期，则每两小时巡查一次。每次巡查结束后，应仔细记录巡查结果，包括发现的问题及采取的处理措施。若巡查人员发现潜在的安全问题，应立即采取相应措施。对于轻微问题，可立即要求施工人员进行整改；对于严重问题，则应立即暂停相关区域的施工活动，并及时向上级汇报，同时召集专业人员对隐患进行排查和处理。

第二，强化消防安全宣传教育。在布展工作启动之前，应组织所有施工单位及参展商参加消防安全培训讲座。通过展示火灾事故视频、演示消防器材的正确使用方法等手段，提高施工人员及参展商的消防安全意识。在展馆的显著位置，例如入口处、通道两侧、施工区域周边等，设置消防安全宣传标识和标语。向每个施工单位及参展商发放消防安全宣传手册，手册内容应包含展馆的消防安全规定、常见火灾隐患及其预防措施、应急疏散路线等信息。

第三，签署安全责任书。与各施工单位订立详尽的安全责任书，明确双方在施工现场安全管理方面的权利与义务。责任书应具体规定施工单位在材料选用、电气安装、施工操作规范、安全防护措施等方面的责任，以及违反规定应承担的相应后果。

第四，核查布展资格。会展中心或活动主办方需制定详尽的布展资格标准，涵盖施工单位的资质等级、专业人员配置、历史项目经验等要素。对于构建大型特装展位，施工单位必须持有相应的建筑装修装饰工程专业承包资质，并配备一定规模的专业技术人员及施工团队。布展工作启动前，各施工单位须提交详尽的布展资格申请文件，内容应包括企业营业执照、资质证明、项目负责人简历以及过往类似项目业绩的证明材料。应指派专人对申请材料执行严格审查，并在必要时进行现场核查，以确保施工单位实际情况与资格标准相符。对于未达标准的施工单位，应坚决拒绝其布展申请，确保施工现场的安全与质量得到根本保障。

××会展项目施工现场检查内容清单（提纲性示例）

检查日期：＿＿＿＿＿＿＿＿

项目名称：＿＿＿＿＿＿＿＿

检查负责人：＿＿＿＿＿＿＿

施工阶段：展台搭建与场地布置阶段

一、施工进度检查

1. 展台搭建

①展台框架搭建完成比例是否符合计划（目标：50%）。

②各类型展位（大型、中型、小型）搭建进度是否按计划推进。

③是否存在因材料或设备延迟导致的施工滞后现象。

2. 主舞台布置

①舞台框架是否已完成搭建。

②灯光、音响设备安装进度是否符合计划。

③舞台周边区域是否预留足够空间供观众活动。

3. 观众通道

①通道区域是否已清理，是否存在堆放材料或设备的情况。

②通道宽度是否符合设计要求（至少2米）。

二、施工质量检查

1. 展台搭建质量

①展台框架是否牢固，是否符合设计图纸要求。

②使用的材料是否符合质量标准，有无破损或不合格现象。

③展台装饰是否符合设计效果，是否存在明显瑕疵。

2. 主舞台布置质量

①舞台框架是否稳固，是否符合安全标准。

②灯光和音响设备安装是否规范，是否存在松动或不稳定现象。

③舞台装饰是否符合设计要求，是否存在明显缺陷。

三、安全隐患检查

1. 施工现场安全

①是否存在施工材料堆放不规范的情况（如阻碍通道或出口）。

②施工区域是否设置警示标志，是否有非施工人员进入施工区域。

③高空作业是否配备安全防护措施（如安全绳、安全帽）。

2. 消防安全

①消防通道是否畅通，是否存在被占用或阻塞的情况。

②灭火器是否已按要求布置到位，是否在有效期内。

③电线、电缆布置是否规范，是否存在裸露或乱拉现象。

3. 设备安装安全

①灯光、音响等设备的安装是否牢固，是否存在掉落风险。

②电力设备是否接地，是否存在漏电隐患。

四、资源管理检查

1. 施工材料

①所需材料是否按时到位，是否存在短缺或延迟现象。

②材料堆放是否分类整齐，是否便于取用。

③是否存在材料浪费或损坏现象。

2. 施工设备

①施工设备是否正常运转，是否存在故障或损坏。

②设备使用是否符合安全操作规范。

五、整改与跟进计划

1. 发现问题记录

①记录施工进度、质量、安全和资源管理中发现的问题。

②对每个问题进行详细描述，包括问题位置、具体情况和影响范围。

2. 整改措施

①针对每个问题，提出具体的整改措施。

②明确整改责任人和完成时间。

3. 后续跟进

①制订跟进计划，确保整改工作按时完成。

②定期复查整改情况，确保问题彻底解决。

技能训练

施工材料堆放在观众通道区域，如何整改以确保通道畅通和安全？

任务三 人流物流管理

在展览会举办期间，由于人流与物流的高度集中，引发各类矛盾和冲突的风险显著上升。因此，执行严格且周密的人流与物流管理措施，对于确保展览会顺利进行至关重要。

在人流管理方面，会展主办方在活动筹备阶段应对展会类型、规模、预计参展人数、场馆周边交通状况等进行详尽调研。基于场馆布局，将人流疏导策略细化为分区域、分时段引导。例如，通过设置不同颜色的引导标识来区分不同功能区域，并根据参观高峰和低谷时段，合理安排工作人员的引导力度。同时，应明确各区域的最大承载人数，依据场馆面积、安全标准等因素进行科学测算。规划清晰的参观路线，通过设置隔离栏、指示牌等手段，引导人群有序流动。在大型展览中，设计环形参观路线以避免人流交叉和逆流。对现场秩序维护人员进行专业培训，涵盖人群管理技巧、应急处理方法等。明确各岗位的职责和分工，如入口处工作人员负责验票、安检及引导人员入场；展厅内工作人员负责疏导人流、解答疑问；出口处工作人员负责引导人员有序离场。定期组织模拟演练，提升工作人员的应急反应能力。在场馆内关键位置安装监控摄像头，实时监控人流动态。运用智能监控系统，分析人流密度、流向等数据。现场工作人员根据监控反馈，迅速调整引导策略。此外，通过安装在展厅内的传感器收集人群分布数据，分析人群的聚集程度和区域。运用数据分析工具，对收集到的数据进行综合分析，并根据分析结果及时调整人流管理策略。

在物流管理方面，应依据展览场馆的布局及物流需求，规划出独立且畅通的专用运输通道。该通道需具备适宜的宽度与高度，以满足各类运输车辆的通行需求。在专用运输通道的入口、出口及沿途，应设置明确的标识，以指示通道用途、行驶方向、限速等重要信息。应安排专人负责在通道入口处引导运输车辆，确保其按照既定路线行驶。若在通道入口设置引导岗亭，工作人员应根据车辆类型及目的地，引导车辆前往相应的装卸区域。通过设置隔离设施，如围栏、警戒线等，将专用运输通道与参观区域、人员活动区域严格隔离，以避免人流与物流的交叉干扰。例如，在通道两侧设置适当高度的围栏，以防止人员误入通道，确保运输安全。根据参展商、观众等不同人群的需求，合理规划交通工具类型和数量。对于展品运输，应配备足够数量的大型货车，并根据展品特点选择合适的运输车型，如平板车、厢式货车等。为方便观众出行，应安排一定数量的客运巴士，在展馆与周边交通枢纽之间设置固定的班车线路。同时，应合理规划出租车停靠点，以满足观众的短途出行需求。规划多个停车场，根据车辆类型进行分区管理。设置大型货车停车场、客车停车场、小汽车停车场等不同区域。停车场的布局应方便车辆进出，设置清晰的车位标识和引导标识。此外，还需制定详细的车辆行驶路线，明确不同类型车辆的行驶方向和停靠地点。同时，充分考虑运货司机、贵宾、参展商和观众的不同需求，为贵宾车辆设置专门的快速通道和优先停车位，为参展商提供便捷的货物装卸通道和停车区域，为观众提供清晰的交通指引和便捷的停车服务。

技能训练

针对物流通道与人流通道交叉的情况，如何调整规划以避免干扰？

场景八 风险管理

任务一 识别项目风险

在会展项目管理领域，风险管理的核心任务在于精确识别项目中的风险事件，明确导致这些事件的主要因素，并对风险事件及其可能产生的后果进行初步的定性评估。

第一，必须明确风险识别的目标及参与者。在进行项目风险识别工作之前，项目团队应与各利益相关者进行充分的沟通，深入理解项目的总体目标、阶段性目标以及特殊要求，并将这些目标细化为具体且可量化的指标。随后，根据项目风险管理范围和重点，全面确定参与风险识别的人员。除了项目团队成员外，还应邀请行业专家、参展商代表、潜在观众代表、场馆运营方等相关人员参与。

第二，需搜集与整理相关资料及数据，涵盖项目本身情况、项目团队成员技能清单、项目环境信息以及类似项目管理资料等方面。项目本身情况的资料应包括项目策划书、进度计划、预算分配、人员安排等关键文件。项目团队成员技能清单的评估，旨在判断团队成员是否具备完成项目各项任务的能力，以及是否存在因技能不足而引发项目延期或质量下降的风险。项目环境信息资料应包含政治、经济、社会、技术、自然等多方面环境因素。类似项目管理资料则包括类似项目的总结报告、风险评估报告、经验教训记录等。通过对类似项目成功与失败经验的分析，识别本项目可能遭遇的相似风险。

第三，深入分析信息以识别风险源。对拟定的项目计划、项目假设条件及约束条件、与本项目具有可比性的既有项目文档以及其他相关信息进行综合审查。在审查项目计划时，需细致审视各项任务的逻辑关联、资源分配的合理性以及时间安排的可行性，进而运用科学方法辨识风险，既可从原因追溯结果，亦可从结果逆推原因，同时依据直接或间接的征兆进行风险辨识。

第四，需将风险识别的结果整理成书面文件，即编制风险记录手册。手册的第一部分应包含风险清单，其中风险编号需具备唯一性，以便于后续的风险跟踪与管理；风险名称应精确概括风险核心内容，例如"宣传渠道效果不佳风险"；风险类别可依据风险来源划分为外部环境风险、项目管理风险、技术风险等；详细阐述风险原因，例如"选定的宣传渠道受众与展会目标受众不匹配"；依据经验或数据分析，对风险发生的概率进行初步评估，如"高""中""低"；评估风险对项目目标（如进度、成本、质量等）的影响程度，例如"严重影响参展商数量，可能导致成本增加"；针对风险制订初步的应对计划，例如"重新评估宣传渠道，选择更精准的投放平台"；明确负责跟踪和处理该风险的责任人；记录风险的实现状态，即当前风险是否已经发生。手册的第二部分应记录风险分析和规划之后的更新情况，重点记录风险征兆，例如"宣传渠道的点击转化率持续低于行业平均水平"，这是宣传渠道效果不佳风险的一个重要征兆；同时明确风险类别，以便对风险进行分类管理和监控。

在项目的风险记录手册中，每一个风险都应包含四要素：风险事件、风险影响、风险行为措施和合同。风险事件需清晰描述风险发生的具体情况，例如"参展商因展会现场服务混乱，在展会期间提出退展"；风险影响不仅要阐述对项目直接的影响，例如"导致展位空置，影响展会整体布局和收益"，还要考虑对项目声誉、后续合作等方面的潜在影响；风险行为措施是针对风险事件制定的具体应对行动，包括短期应急措施和长期改进措施，例如"立即安排专人与退展参展商沟通，解决问题争取挽回损失，同时对展会现场服务流程进行全面梳理和优化"；合同方面，记录与风险相关的合同条款，例如参展合同中关于退展的违约责任规定，以便在风险发生时明确责任和权益，同时也可从合同角度评估风险的可控性和应对策略。

技能训练

若你是高校创业大会的项目负责人，请阐述举办大会可能面临的各种风险。

任务二　编制应急方案

在识别出风险之后，必须对这些潜在的风险进行详尽的筛选和评估，并制订相应的应对预案。

第一，要筛选重要风险。在完成风险识别后，对识别出的全部潜在风险进行系统性梳理。将风险按照类别进行初步划分，如分为市场风险、技术风险、管理风险、自然风险等，确保对风险有一个宏观的把握。然后依据项目的具体目标、范围以及当前阶段的重点，对潜在风险进行逐一审查。对于那些与项目核心目标关联度极低、对项目进程影响微乎其微的风险，予以去除。同时，对于那些重复出现或本质上可归为同一风险的情况，进行合并处理，避免冗余。然后采用定性与定量相结合的方法，综合考量风险的各个方面，确定何为重要风险。

第二，要进行风险评估。通过对比相关的历史资料，运用合适的统计方法，如频率分析、贝叶斯分析等，对收集到的历史数据进行处理，以确定风险事件的概率分布。结合风险的损失性质、损失范围和损失的时间分布三个维度，对其影响结果进行全面分析。并将发生概率高且影响程度大的风险列为高优先级风险，发生概率低且影响程度小的风险列为低优先级风险。继而依据风险因素的可能性和影响程度的评估结果，对风险进行归类，以确定风险的等级。常见的风险等级划分为高、中、低三个等级，也可根据项目的复杂程度和管理需求进一步细分。

第三，制订风险应对方案。根据项目风险识别和评估的基本结果，考虑项目的整体目标、资源状况、时间限制以及利益相关者的期望等因素，制订恰当的风险应对方案，针对不同等级的风险，选择合适的应对策略，如风险规避、风险减轻、风险转移、风险接受等。例如，对于市场竞争导致参展商分流的风险（高等级风险），可采取风险减轻策略，通过优化展会服务、提升展会特色等方式增强竞争力；对于因供应商破产导致原材料供应中断的风险（中等级风险），可采用风险转移策略，与多个供应商签订合同或购买商业保险来降低风险；对于一些轻微的技术故障风险（低等级风险），可选择风险接受策略，预留一定的时间和资源进行修复。继而运用因果分析、故障树分析等方法，科学识别风险因素的触发条件。根据风险触发条件和可能出现的地点，拟定具体的风险控制措施。对于可能出现风险的地点，提前采取预防措施。为风险留出合理的时间、资金和资源。最后针对每个重要风险，编制详细的风险应急方案。方案应包括风险发生时的应急响应流程，明确各相关人员的职责和行动步骤。需要注意的是，务必要在应急方案中明确应急资源的调配方式，如应急物资的储备地点、调用流程，应急人员的联系方式和集结地点等。同时，定期对应急方案进行演练和修订，确保在实际风险发生时，能够迅速、有效地实施应急措施，降低风险造成的损失。

××书展项目风险管理计划（提纲性示例）

项目名称：2026年度××艺术书展

项目时间：2026年6月15日—2026年6月18日

项目地点：××会展中心（场地面积8000平方米）

预计参展商：200家

预计观众人数：15000人

一、风险管理目标

确保书展顺利进行：通过有效的风险识别、分析和应对措施，降低项目实施过程中的不确定性。

保障人员安全：确保参展商、观众及工作人员的安全，避免安全事故发生。

控制项目成本与进度：避免因风险事件导致的预算超支或进度延误。

提升参展体验：通过风险管理，确保参展商和观众的良好体验，维护书展品牌形象。

二、风险识别

1. 进度风险

展台搭建延误：展台搭建未按计划完成，影响后续布置工作。

宣传推广滞后：宣传活动未能按时完成，导致观众人数不足。

2. 质量风险

展台搭建质量问题：展台结构不牢固或装饰效果不符合要求。

设备故障：灯光、音响、电子屏幕等设备在活动期间出现故障。

3. 安全风险

人流拥堵：观众人数过多，入口、出口或场内通道出现拥堵，可能导致踩踏事故。

施工安全隐患：搭建期间存在高空作业或材料堆放不规范的情况。

消防隐患：消防通道被占用，灭火器未按要求布置。

4. 外部风险

天气突变：暴雨或高温天气可能影响观众出行和活动体验。

供应商延迟：展台搭建材料或设备未按时交付，影响施工进度。

5. 运营风险

参展商投诉：因展位安排、服务不到位等问题导致参展商不满。

观众体验不佳：因场地指引不清晰、服务设施不足等问题影响观众体验。

三、风险分析

风险类别	具体风险	发生概率	影响程度	优先级
进度风险	展台搭建延误	高	高	高
质量风险	设备故障	中	高	高
安全风险	人流拥堵	高	高	高
	消防隐患	中	高	高
外部风险	天气突变	中	中	中
运营风险	参展商投诉	中	中	中

四、风险应对措施

1. 进度风险应对

展台搭建延误：制订详细的施工进度计划，并安排每日进度检查。与供应商签订明确的交付时间协议，确保材料按时到位。预留2天缓冲时间，确保搭建工作有足够时间完成。

宣传推广滞后：提前制定宣传计划，明确时间节点和责任人。增加线上推广渠道（如社交媒体、邮件营销）以弥补线下宣传的不足。

2. 质量风险应对

展台搭建质量问题：在搭建过程中安排专业人员进行质量检查，发现问题及时整改。使用符合安全标准的材料，确保展台结构稳固。

设备故障：在活动开始前进行设备全面测试，确保灯光、音响等设备正常运行。准备备用设备（如音响、投影仪），以应对突发故障。

3. 安全风险应对

人流拥堵：设计合理的观众流线，确保入口、出口和通道畅通。增加现场安保人员，实时监控人流情况，必要时进行分流。设置电子指引屏和清晰的标识，方便观众快速找到目标区域。

施工安全隐患：在施工区域设置警示标志，禁止无关人员进入。高空作业人员必须佩戴安全防护设备，材料堆放需规范。

消防隐患：确保消防通道畅通，灭火器按要求布置到位并在有效期内。安排专人检查电线、电缆布置，避免裸露或乱拉现象。

4. 外部风险应对

天气突变：提供遮阳棚、雨具等设施，减少天气对观众的影响。提前关注天气预报，必要时调整活动安排（如延迟或更改部分活动）。

供应商延迟：与多个供应商建立合作关系，确保材料和设备有备用来源。提前确认供应商交付时间，必要时增加催促机制。

5. 运营风险应对

参展商投诉：提供专门的参展商服务团队，及时处理参展商的需求和问题。在展会前与参展商沟通展位安排，确保满足其合理需求。

观众体验不佳：增加场地指引标识和志愿者服务，方便观众快速找到目标区域。提供充足的休息区、餐饮服务和卫生设施，提升观众体验。

五、风险监控与管理

1. 风险监控机制

每日召开风险检查会议，汇报风险状况并更新风险清单。

安排专人负责高优先级风险的跟踪和处理。

2. 应急预案

针对高优先级风险（如人流拥堵、设备故障），制订详细的应急预案。

组织工作人员进行应急演练，确保突发事件发生时能够快速响应。

3. 沟通机制

建立多方沟通渠道（如参展商、供应商、安保团队），确保信息及时传递。

设置风险反馈机制，鼓励工作人员和参展商及时报告潜在风险。

技能训练

针对"天气突变"等外部风险，如何设计应对方案以确保展会正常进行？请分类说明。

场景九 项目评估

任务一 确认评估要素

通常会展项目的评估由主办方（或承办方）自主发起并组织。此类评估通常涵盖项目启动前、项目执行中以及项目完成后的三个阶段。会展项目启动前的评估，即项目前评估，主要涉及对项目的论证，亦可称为论证性评估；项目执行中的评估，即项目中评估，主要在项目运作过程中进行，旨在分析和控制，亦可称为控制性评估；项目完成后的评估，即项目后评估，是在项目结束后进行的。鉴于前两种评估已在项目启动和执行阶段得到体现，此处将重点介绍如何执行会展项目后评估。项目后评估包括目标达成评估、效益评估、影响评估、商誉评估以及可持续发展评估五个方面。各方面需要关注的评估指标如下：

一、目标达成评估

对比实际与预期目标：将项目实际达成的各项指标，如参展商数量、观众人数、销售额等，与项目前设定的目标进行对比，分析目标达成或未达成的原因。

目标合理性反思：根据实际情况，反思项目目标设定的合理性。总结在目标设定过程中的经验教训，为未来项目目标设定提供参考，使目标更加符合实际情况与市场需求。

二、效益评估

经济效益评估：计算项目的直接经济效益，如门票收入、展位租赁收入、赞助收入等，减去项目的总成本，得出项目的利润。同时，分析项目对相关产业的带动效应，如对当地酒店、餐饮、交通等行业的促进作用。

社会效益评估：评估项目对社会产生的影响，如提升城市知名度、促进文化交流、推动行业发展等。例如，通过收集媒体报道、行业评价等资料，分析项目在提升城市形象、促进文化传播方面的作用。

三、影响评估

行业影响：分析会展项目对行业的影响，如是否推动了行业技术创新、促进了行业标准的完善等。

社会影响：评估项目对社会文化、环境等方面的影响。

四、商誉评估

形象与声誉评价：通过收集参展商、观众、合作伙伴、媒体等各方的反馈，评估会展项目在业界的形象与声誉。分析项目在组织管理、服务质量、活动效果等方面的表现，以及对主办方品牌形象的提升或损害。

品牌建设总结：总结在会展项目中品牌建设的经验与不足，为未来项目的品牌推广与维护提供参考。

五、可持续发展评估

经验总结与改进：总结本次会展项目在各个方面的经验教训，分析哪些做法值得延续与推广，哪些方面需要改进。

未来规划建议：基于评估结果，为未来类似会展项目的规划与发展提供建议。

在项目评估过程中，应全面且细致地应用各项评估指标，确保所有细节均得到充分考虑。同时根据项目的具体需求和特性，对这些评估指标进行科学合理的权重分配。权重的大小直接反映了各项指标在整体评估中的重要性和影响力。一个合理的权重分配方案能够显著提高评估结果的准确性和客观性，减少主观因素引起的偏差。此外，还应特别关注评估指标间的内在联系和互补性，确保它们在评估体系中能够相互协调、相互补充，构成一个完整、系统的评估框架。唯有如此，才能全面、准确且深入地揭示项目的真实状况和潜在风险，为最终决策提供坚实、有力的支撑，确保决策的科学性和有效性。

技能训练

请根据你选定的会展项目实际拟定一份展会评估清单，包括指标内容与所占权重。

任务二　编制评估报告

在完成项目评估后，需对搜集到的所有数据和资料进行汇总。随后，应对这些资料进行细致的审查，确保内容无遗漏，资料充分，并且客观真实。接着对资料进行分类整理，使之系统化并条理清晰。最终，在综合各类数据与信息的基础上，形成全面的评价和结论。基于此，撰写一份能够准确反映会展项目状况的评估报告，报告中应包含一系列数字、图表和文字陈述。

在着手进行数据汇总之前，必须重新确认数据收集的范围，以确保全面覆盖项目评估所需的所有方面，包括但不限于参展商反馈、观众调查数据、财务报表以及现场运营记录。应制定详尽的数据收集清单，并依据该清单逐一核对已收集的数据，避免遗漏关键的数据。必须审慎评估所收集的数据是否充分以支撑评估工作。对于关键指标，例如参展商数量、观众流量、销售额等，必须确保数据的连续性和完整性。同时，对数据的真实性与客观性进行严格核查，并验证数据来源的可靠性。

随后根据会展项目评估的内容与目的，制定出明确且具有条理的分类标准。例如，评估维度可细分为策划评估、目标评估、实施过程评估、效益评估、影响评估、商誉评估以及可持续发展评估等类别。在每个主要类别内部，进一步细化为更具体的子类别，例如实施过程评估可细分为场地布置、活动组织、人员管理等子类别。确保分类标准既逻辑清晰又系统完整，以便于后续的数据处理和分析工作。接着，依据既定的分类标准，对搜集到的数据资料进行详尽的分类整理。将性质相同的数据资料归为一类，并为每类数据资料建立明确的标识和索引。可以运用专业的数据处理工具，如Excel、SPSS等数据处理软件，按照选定的方法对数据进行处理。在完成数据处理后，深入分析处理结果，并结合会展项目的实际情况进行解读。例如，通过数据分析发现参展商数量与宣传投入之间存在正相关关系，进一步探讨这种关系背后的原因，是宣传渠道的有效性、宣传内容的吸引力还是其他因素造成的。在解读分析结果时，不仅要关注数据表面的信息，还要挖掘深层次的原因和潜在的问题。同时，将分析结果与项目目标、行业标准等进行对比，评估项目的绩效和效果，为后续的评价和结论提供有力支持。

在对各类数据和信息进行汇总、分析之后，综合考量项目的各个维度，形成全面的评价和结论。基于此评价和结论，进而编制评估报告。报告应包含一系列精确反映会展项目状况的数字、比例和陈述，结构需条理分明、逻辑严密。报告内容通常涵盖项目概述、评估目的与方法、数据分析、评估结果（包括对各项评估指标的分析及总体评价）、结论与建议等部分。在撰写过程中，需要确保语言表达的精确性和简洁性，避免使用含糊或可能产生歧义的词语。同时，应借助图表、图片等可视化工具辅助阐释数据和结论，以提升报告的易读性。

在完成初步评估报告的编制工作后，应邀请相关领域的专家、项目团队成员以及部分项目利益相关者对报告进行审阅。审阅内容应涵盖数据的准确性、分析的合理性、结论的可靠性以及报告格式的规范性等多个方面。随后，根据审阅过程中收集到的反馈意见，对报告进行相应的修订和完善，确保其质量符合既定标准。最后形成评估报告的终稿，并提交给相关部门和机构。

××会展项目评估报告（提纲性示例）

项目名称：××创新博览会

项目时间：2026年6月1日—2026年6月3日

项目地点：××会展中心

一、项目概述

本次展览会的核心宗旨在于全面展示全球范围内最新的科技创新成果，进一步推动科技企业之间的深入交流与广泛合作，为行业发展注入新的活力。展览会的总面积达到了10000平方米，汇集了150家参展商，涵盖了多个科技领域的前沿技术和创新产品，吸引了约××万名观众前来参观，共同见证科技领域的最新进展和未来趋势。展览期间，主办方精心策划了多样化的活动，包括主题演讲、技术研讨会以及创新产品展示等，旨在为与会者提供一个知识共享与灵感碰撞的平台。同时，通过设置互动体验区，观众得以亲身体验科技带来的便捷与魅力，从而更直观地了解这些创新成果的实用价值。

此外，展览会还特别注重促进国际的科技合作与交流，吸引了众多国内外知名企业和研究机构的参与。这不仅有助于展示各自的技术优势，还为跨国合作提供了良机，为科技的全球化发展贡献了力量。随着展览会的成功落幕，业界普遍认为，此次盛会不仅促进了科技的交流与合作，更为科技创新注入了新的动力，对推动全球科技进步与产业升级具有重要意义。

二、项目执行情况评估

1. 进度评估

（1）计划完成情况

· 展台搭建按时完成，所有展位在展会开始前24小时布置完毕；

· 宣传推广按计划进行，吸引了大量目标观众。

（2）问题与改进

· 部分参展商的展台布置延迟，原因是材料运输不及时；

· 建议未来增加物流协调人员，确保材料按时到位。

2. 预算评估

（1）预算执行情况

·项目总预算500万元；

·实际支出480万元（节约20万元）；

·主要节约来源为优化宣传推广费用和控制场地布置成本。

（2）问题与改进

部分费用超支（如安保人员加班费用），需在未来项目中更精确地估算人力成本。

3. 质量评估

（1）展台搭建质量

·展台设计和搭建符合参展商需求，整体效果良好；

·观众对展台布局和设计的满意度达到90%。

（2）设备运行情况

·灯光、音响、电子屏幕等设备运行正常，未发生重大故障；

·备用设备准备充分，确保了活动的顺利进行。

4. 安全评估

（1）安全管理情况

·展会期间未发生重大安全事故；

·消防通道畅通，灭火器布置到位，安保人员巡逻及时。

（2）问题与改进

·高峰时段部分区域出现人流拥堵，需优化观众流线设计；

·建议未来增加电子人流监控系统，实时调整人流分布。

5. 观众与参展商反馈

（1）观众反馈

·观众满意度调查结果，总体满意度为88%；

·观众对展会内容丰富性、场地指引清晰度和服务设施的评价较高；

·不足之处是部分观众反映餐饮区排队时间较长，休息区座位不足。

（2）参展商反馈

·参展商满意度调查结果，总体满意度为85%；

·参展商对展位安排、观众质量和现场服务的评价较高；

·不足之处是部分参展商反映展台布置时间较短，物流协调需改进。

三、项目成果评估

1. 目标达成情况

①参展商数量：150家（目标达成率100%）。

②观众数量：50200人（目标达成率102%）。

③合作意向：展会期间达成合作意向协议120项，超出预期目标。

2. 品牌影响力

①展会在社交媒体上的曝光量达到500万次，相关话题阅读量突破1000万次。

②参展商品牌知名度提升显著，部分企业在展会后获得了更多市场关注。

3. 经济效益

①展会直接收入（展位费、门票收入、广告费等）：700万元。

②间接经济效益（参展商后续合作、观众消费等）：预计超过2000万元。

四、问题与改进建议

1. 问题总结

①物流协调不足：部分参展商的材料运输延迟，影响展台布置进度。

②人流管理优化空间：高峰时段部分区域出现拥堵，影响观众体验。

③服务设施不足：餐饮区和休息区的容量未能完全满足观众需求。

2. 改进建议

①物流管理：提前与参展商确认物流需求，制订详细的运输计划。增加物流协调人员，确保材料按时到位。

②人流管理：优化场地布局，增加通道宽度和分流指引标识。引入电子人流监控系统，实时监测并调整人流分布。

③服务设施：增加餐饮区和休息区的容量，提升观众体验。提供更多移动餐饮车和临时座椅，缓解高峰时段压力。

五、总结

2026年度××创新博览会经过精心筹备和周密组织，最终圆满完成各项既定议程，成功达成了预期目标，不仅实现了预期的展示和交流效果，更在行业内树立了良好的口碑，获得了参展商和观众的一致好评和高度评价。尽管在展会过程中，物流协调环节出现了一些小插曲，人流管理方面也面临了一定的挑战，服务设施在某些细节上还有待进一步完善，但瑕不掩瑜，整体效果依然令人满意，充分展现了主办方的专业能力和高效执行力。此次展会的成功举办，不仅为参展各方带来了丰硕的成果，更为未来展会的策划和实施积累了宝贵的经验，为后续活动的优化提升奠定了坚实基础。

参展商普遍反映，本届博览会为他们搭建了一个展示最新产品和技术成果的卓越平台，不仅吸引了大量潜在客户的关注，有效提升了品牌知名度和市场影响力，还促进了与其他参展企业的深入交流与合作，为未来的业务拓展和合作共赢创造了有利条件。观众方面，亦对博览会的丰富内容和高质量展品给予了高度赞赏，纷纷表示此次展会内容充实、亮点纷呈，不仅让他们全面了解了行业最新动态和发展趋势，还为寻找合作伙伴、拓展业务渠道提供了极大的便利，是一次难得的行业盛会。

技能训练

在"成果评估"部分，如何用数据和事实说明展会成果？请从至少3个方面进行分析。